TB Joshua
Siervo de Dios

TB Joshua

Siervo de Dios

por

Gary & Fiona Tonge

En Gedi Publishing
Reino Unido

TB Joshua — Siervo de Dios

Copyright 2021 por Gary & Fiona Tonge. Todos los derechos reservados.

Imágenes y notas de sermones fueron usados con previa autorización del Profeta T.B. Joshua. Todos los derechos reservados.

A menos que hubiera sido aclarado, todas las Escrituras son tomadas de la versión Reina Valera 1960. Usadas con autorización. Todos los derechos reservados.

Escrituras marcadas NVI son tomadas de la Santa Biblia, Nueva Versión Internacional. Usadas con autorización. Todos los derechos reservados.

Nada en este libro está intencionado a desanimar de acudir a tratamiento o diagnóstico médico.

Primera edición al inglés: junio de 2021
Edición con traducción al español: abril de 2022

ISBN 978-1-9168991-3-1

En Gedi Publishing Ltd
Union House, 111 New Union Street
Coventry CV1 2NT

www.tbjservantofgod.com

« *He leído este libro de la A a la Z. Lo disfruté.*

Un libro muy interesante no requiere mucho tiempo de lectura.

No hay nada que no sea parte de mí en este libro. Vale la pena leerlo.

(20 de abril de 2021) »

DISTINCIÓN
de T.B. Joshua

Contenido

	Prefacio	
UNO	¡Es real!	1
DOS	Vida después de la vida	19
TRES	¿Quién es como mi Jesús?	37
CUATRO	A las Naciones	61
CINCO	La vida es un campo de batalla	89
SEIS	Dios puede usar cualquier medio	117
SIETE	El Profeta en la Montaña	143
OCHO	Un hombre del pueblo	167
NUEVE	La autopista al Cielo	199
DIEZ	Epílogo	207

PREFACIO

T.B. Joshua registró la distinción para **T.B. Joshua — Siervo de Dios** en video el día 20 de abril de 2021 en la Montaña de Oración de La SCOAN (Sinagoga Iglesia de Todas las Naciones por sus siglas en inglés), el lugar donde pasó mucho de su tiempo buscando a Dios en oración.

Pocas semanas después, el 5 de junio de 2021, T.B. Joshua ingresó al Jardín de Oración, se dirigió a los que estaban reunidos esperando por él y también a la cantidad aún más extensa de espectadores de Emmanuel TV expresando su exhortación final:

> Quiero agradecerles por su tiempo y el corazón que tienen para Jesús.
>
> Hay un tiempo para todo, un tiempo para venir aquí y un tiempo para volver a casa después del servicio.

T.B. Joshua animó a todos, citando el libro de Mateo 26:41, *Velad y orad*.

Saliendo del Jardín de Oración, T.B. Joshua, con 57 años de edad, rápidamente recibió el llamado a casa para estar con el Señor.

Hubo testimonios de visitaciones angelicales vistos en el Jardín de Oración aquella tarde en palabra de los presentes.

T.B. Joshua concluyó la carrera de buena manera y su asignación terrenal fue completada.

Como la noticia de su partida fue esparcida por el mundo digitalmente interconectado, los tributos comenzaron a abalanzarse desde todos los países e idiomas, provenientes de aquellos quienes tuvieron el privilegio de conocerlo personalmente como de cuantioso número de personas que lo conocieron solamente a través de Emmanuel TV.

Los tributos vinieron desde Oficinas Presidenciales, incluyendo la del actual Presidente de Nigeria y de los Presidentes que lo precedieron, Gobernadores de los Estados de Nigeria, así como oficiales de gobierno de otras naciones, prominentes músicos, actores, periodistas y deportistas.

A través del continente africano, otros Presidentes de turno incluyendo a los de Sudán del Sur y Liberia reconocieron formalmente sus logros como un hacedor de paz y resaltaron que su partida era una pérdida para la Cristiandad mundial y África en particular.

Incontables individuos reflexionarían sobre sus enseñanzas referidas al amor, al perdón, a la importancia de que la Santa Biblia (la Palabra de Dios) sea el estándar para sus vidas. Una espectadora de Rusia comentó: «Dios hizo una revolución espiritual a través de Su vasija, el Profeta T.B. Joshua, cambiando el mundo de los Cristianos en sus mentes y en sus corazones».

T.B. Joshua dejó un legado vivo de servicio y de sacrificio al Reino de Dios que continuará viviendo en las generaciones aún por nacer. En sus propias palabras:

> Una vida para Cristo es todo lo que tenemos; una vida para Cristo es muy preciada.

¡Es real!

Estábamos de pie en el gran estadio cubierto con la boca abierta de asombro. Ante nuestros ojos se presentaba una escena como extraída de la Biblia, de los Evangelios. Eso no era una película; era real:

«¡En el poderoso nombre de Jesucristo!».

La gente de todo el auditorio comenzó a reaccionar cuando se pronunció la oración de autoridad. Los oprimidos por los espíritus negativos y satánicos no podían resistir; la oscuridad en su interior estaba expuesta y era evidente, todos lo veían. La gente poseída gritaba y sus ojos quedaban en blanco cayendo al suelo, retorciéndose. Los que llevaban muletas y los que estaban en silla de ruedas se levantaban mientras continuaba la oración de fe. Sus fuerzas aumentaban con cada paso.

Oración Masiva en Singapur

Una oración resonó: «Oraré por aquellos que tienen poca fe, para que su fe sea suficiente». Fue un momento de lo Divino. Fue como ver a Jesús en acción.

Desde entonces, dondequiera que mostráramos la grabación de ese evento, se producirían milagros. Por ejemplo, años más tarde, en una reunión evangélica en el centro de la ciudad de Lahore, Pakistán, con el video proyectado en una pantalla al otro lado de la calle, se originó una milagrosa escena: el ojo ciego de una mujer se abrió.

Las personas asistían sin distinción de clases sociales de manera gratuita, los milagros se repetían una y otra vez. En el evento realizado en el estadio de fútbol más grande de América Latina, en medio de sus altos y empinados laterales; dondequiera que se mirara, había personas que experimentaban milagros instantáneos mientras la oración resonaba por todo el estadio. Al presenciar la obra sobrenatural de Dios y el efecto de la «oración masiva», la gente aclamaba espontáneamente ¡Cristo Vive!

Cruzada en México con T.B. Joshua

Las escenas se desarrollaron en el Estadio Nacional Cubierto de Singapur en 2006 y en el Estadio Azteca de Ciudad de México en 2015, el pastor que oraba era un hombre llamado T.B. Joshua.

¿Quién es este Jesús en cuyo poderoso nombre se ofreció la oración con el resultado de ver sanados a los afligidos y liberados a los oprimidos? Es el Hijo de Dios, el mismo que derramó Su sangre en la cruz por nuestros pecados y por cuyas heridas fuimos sanados.

T.B. Joshua en 2003

¿Quién era este hombre, T.B. Joshua, que proclamaba la Palabra y la autoridad de Jesucristo? ¿De dónde procedía el poder para causar un impacto tan dramático sin alboroto, sin histeria?

¿Por qué estábamos presentes nosotros, una pareja profesional británica conservadora de mediana edad de una ciudad catedralicia inglesa por excelencia? ¿Cómo llegamos a participar en este controvertido movimiento de Dios?

El propósito de Dios revelado

El corazón humano genera muchos proyectos, pero al final prevalecen los designios del Señor. (Proverbios 19:21 NVI)

> Cuando Dios Todopoderoso está ejecutando Su plan en nuestras vidas, Él también diseña y organiza eventos los cuales continúan desenvolviendose hasta que Su propósito es revelado en nuestras vidas.[1]

Un «hilo de oro» del propósito de Dios se vería entretejido en nuestras historias de vida. Mucho más temprano, antes de conocernos, tuvimos nuestra experiencia de la realidad de Jesús, los dos conocimos al Señor Jesús en el mismo mes del mismo año (mayo de 1973), aunque nuestros caminos se cruzaron cinco años después. Esto nos iniciaría en un viaje juntos hacia nuestro destino divino y nuestra conexión con T.B. Joshua.

Después de haber asistido a muchas conferencias, reuniones y grandes encuentros cristianos en todo el mundo, de haber visto el desarrollo de videos cristianos y diferentes ayudas para el Evangelio, como el Curso «Alpha», y de haber leído cientos de libros, ahora había llegado «el momento». Había llegado el momento de que nuestras oraciones fueran respondidas de una forma y manera que no esperábamos. Nos embarcamos en un viaje, tanto interior como exterior, que nos haría ver el nombre de Jesús glorificado y nos impulsaría hacia el futuro que Dios había preparado para nosotros.

La vida de ambos estaba en ese entonces ya muy ocupada. Yo, Gary, con mi creciente carrera en el ámbito de la regulación y la ingeniería de la radiodifusión televisiva independiente, era también un «predicador laico» en nuestra iglesia local. Fiona se dedicaba a las obras de caridad y a la iglesia, cuidaba de la familia y tenía una «casa abierta» para una variada selección de invitados. Nuestros hijos, que todavía estaban estudiando, también vieron sus vidas profundamente impactadas y comenzaron sus viajes individuales hacia sus destinos.

---

[1] Se trata de una «cita» de T.B. Joshua. En el resto del libro, estas citas se identifican por el uso de una sangría similar.

Durante la década de 1990, la reputación local del poderoso ministerio de sanidad y liberación del Profeta T.B. Joshua había crecido, en un principio, a través del testimonio personal y luego a través de videoclips presentados en las estaciones locales de televisión nigerianas.

En un video se mostraba a un hombre con una terrible herida de úlcera en lo más profundo de sus nalgas (cáncer de nalgas), incapaz de sentarse o incluso de comer correctamente. Su situación se agravó y fue «arrojado» a un lado de la carretera. Un amable «buen samaritano» encontró la forma de llevarlo a la iglesia de T.B. Joshua, conocida como La Sinagoga, Iglesia de Todas las Naciones (SCOAN). Allí recibió la oración de fe que le presentó al Sanador, Jesucristo. Como repetiría T.B. Joshua:

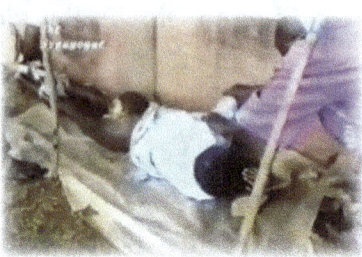
Hombre sufriendo de cáncer de nalgas

> Yo no soy el sanador. Solamente conozco al Sanador; ¡Su nombre es Jesucristo!

Testimonio tras su sanidad milagrosa

Bajo la influencia del Espíritu Santo, después de la oración, la herida sanó milagrosamente. El hombre dio su testimonio ante una sala de curiosos occidentales, y la historia se incluyó en una compilación de «Milagros Divinos 5» en cinta VHS. Los entusiastas visitantes de la iglesia se llevaron a casa copias para compartirlas.

Así, las noticias sobre lo que Dios estaba haciendo por medio la vida del Profeta T.B. Joshua se filtraron a Europa a través de pastores sudafricanos que visitaban los Países Bajos y llegaron a nuestra pequeña y tranquila ciudad de Winchester, en Inglaterra. En una oportunidad una pastora que conocíamos, que había visitado La SCOAN más de una vez y formaba parte de nuestra red relacional de la iglesia, llevó a un amigo de nuestra pequeña iglesia de visita y nos trajo algunos videos, entre ellos el de «Milagros Divinos 5», que mostraba al hombre sanado de un cáncer de nalgas.

En febrero de 2001, de regreso de su visita a La SCOAN en Lagos, este amigo entró en la reunión de nuestra iglesia, se levantó y saludó: «¡Emmanuel!», que significa «Dios con nosotros». Al escuchar atentamente, algo en el interior de Fiona llamó inmediatamente la atención. ¡Había poder en esa palabra!

Asistimos a una breve reunión mensual de líderes. Nuestro pastor, que siempre buscaba más pruebas del «Cristianismo auténtico», alabó los videos traídos de La SCOAN. En la reunión, en la que teníamos muchas cosas urgentes que discutir, dijo que teníamos que ver esos videos porque, si eran verdaderos, serían muy significativos. Al verlos, el pastor quedó impactado a un nivel profundo y se dio cuenta de que era mucho más importante lo que habían presenciado que la reunión mensual de administración con los líderes.

Nos impactó tanto la actitud de nuestro pastor como los propios videos. Esa noche, Dios sembró una semilla en nuestros corazones. Damos gracias a Dios por la prioridad que nuestro pastor dio al poderoso milagro y a la enseñanza bíblica sobre el Espíritu Santo de uno de los videos de las «Conferencias Divinas».

Habíamos visto algo, y ante Dios, ¡ya no teníamos excusa! Habíamos visto un extraordinario milagro de estilo bíblico grabado en video, algo que había demostrado que:

> La era de los milagros no ha terminado. El Hacedor de Milagros sigue vivo; ¡Su nombre es Jesucristo!.

En retrospectiva, esta fue la respuesta de Dios a nuestras oraciones; apuntó a una posibilidad real (no teórica o en falsas expectativas) para el cumplimiento de nuestros sueños de ver el nombre de Jesús glorificado en un avivamiento.

Tus mayores oportunidades y desafíos llegan sin avisar.

Experimentando La SCOAN

Primera visita de Gary:

El autobús de la iglesia que venía del aeropuerto se balanceaba por carreteras

Escena local de Lagos en 2001

sin asfaltar y, a veces, como para hacer el viaje más emocionante, el conductor sin demasiada preocupación cruzaba al lado equivocado de la carretera en plena cara al tráfico.

Esta era mi primera visita a Nigeria y a La SCOAN, y aunque mi vecina en el avión había sido una señora que intentaba advertirme de que no visitara ese lugar, estaba decidido a mantener la mente abierta.

Pasando por muchas iglesias y mezquitas en el camino, viendo la masa de gente en las calles que forma parte de la vida de Lagos, llegamos a la iglesia.

La zona del altar era el sitio donde la gente iba a orar, era culturalmente diferente de las modernas iglesias Protestantes Occidentales con las que estaba más familiarizado, donde el énfasis suele estar en el espacio de adoración.

Altar de La SCOAN en 2001

Adaptarme a la cultura, como dormir en un dormitorio e ingerir comida diferente, sabía que formaba parte del paquete, pero más allá de esto, mientras me sentaba en el cálido santuario con mi Biblia, tenía dos preguntas en la mente. Había observado a mi crítica vecina en el avión y me propuse que me fijaría si el nombre de Jesús era levantado y cuál era la actitud que se tomaba hacia el pecado. Estas resultaron ser dos de las características más notables de la visita. El nombre de Jesús ocupaba un lugar mucho más importante de lo que había visto antes, y la frase «no peques más» no era solamente un lema, sino que reflejaba un auténtico compromiso.

La confesión pública de los pecados tuvo un gran impacto en mí. Uno de mis compañeros de grupo era un antiguo drogadicto que se había metido en un grupo paramilitar en Irlanda del Norte. Su liberación de los espíritus malignos durante el servicio en La SCOAN fue dramática, y su confesión ponía los *pelos de punta. Sin embargo, algo me llamó profundamente la atención de la introducción estándar que daba uno de los evangelistas con cada confesión. Cuando dijo las palabras: «Solamente Dios Todopoderoso puede determinar si un pecado es mayor que otro», mi corazón fue atravesado. ¿Qué ocurriría con mi propio pecado, el más «privado»? ¿Qué habría hecho si me hubiera tocado la suerte que este hermano tuvo en la vida, o lo que él habría hecho si le hubiera tocado la mía?*

El Espíritu Santo me había convencido de que era una persona hipócrita y de haberme vuelto «religioso». Más tarde, durante un encuentro personal con el Profeta T.B. Joshua, este apuntó algunas notas en un idioma desconocido y luego me entregó una promesa de las Escrituras para que la meditara. Recuerdo que las palabras de esa promesa en el Salmo 32:5, «... Y Tú perdonaste la maldad de mi pecado», ardieron sobrenaturalmente en mi corazón mientras me arrepentía ante el altar.

Al regresar a nuestra tranquila campiña inglesa, a la hierba verde, a las vacas Frisonas, a todos los adornos de la vida de la clase media en un país desarrollado en tiempos de paz, sentí un fuerte contraste con lo que había vivido. Había visto el nombre de Jesús en alto, había visto la poderosa mano de Dios actuando, y había redescubierto mi «primer amor» por Jesucristo.

Primera visita de Fiona:

Fiona, que esperaba en casa, retoma la historia:

Soldado que recibe sanidad en La SCOAN

Recibí una llamada desde el aeropuerto: «Es real —esto es por lo que hemos estado orando— sanidad, liberación, avance, autoridad sobre los espíritus malignos, un amor por la Palabra de Dios y sobre todo, un verdadero odio por el pecado».

Ahora era mi turno. Algunas semanas más tarde, poco después de que el mundo fuera sacudido por el ataque terrorista del 11 de septiembre, y con cierta inquietud, me embarqué en el avión hacia este nuevo continente. Compartir un dormitorio con un grupo de australianas eufóricas, ver los videos de sanidad y de enseñanza hasta quedarme entumesida, y experimentar la exposición a la unción del Espíritu Santo me llevó a vivir un tiempo desafiante, incómodo y estimulante. Desarrollé una gran conciencia de pecado, donde terminé arrepintiéndome de mi pecado y dureza de corazón.

En la línea de oración, durante la oración, me llegó un calor al cuello y me di cuenta de que estaba curada de un problema físico que padecía hacía muchos años. Cuando era una estudiante de enfermería de 19 años, había sufrido una lesión de enfermería que me causaba dolor de espalda y de cuello y requería medicación y, a veces, un collarín de apoyo para el cuello. Durante muchos años, también sufrí de insomnio intermitente, en ocasiones solamente dormía dos horas antes de preparar a los niños para el colegio. Luego de la oración todo eso quedó en el pasado.

Multitud fuera de La SCOAN en 2001

Con un nivel de «avivamiento» de conciencia de pecado que volvía a arder en mi corazón, esperé a entrar al pequeño despacho de T.B. Joshua para mi breve cita con él. Lo vi con mis ojos, pero no lo «vi». La conciencia de Dios era algo que, una vez experimentada, nunca se olvida. Me recordó el gran día en que, siendo una joven de 17 años, había respondido a una invitación —un llamado al altar— en una iglesia bautista formal. Cuando el pastor vino a darme la mano, no lo vi; en cambio, tuve una visión de Jesús sonriéndome.

Era la misma conciencia, pero más profunda, difícil de explicar porque no se pronunciaban palabras. Vi a un apóstol en el molde de la Biblia, uno que hacía las «obras mayores» que Jesús dijo que harían todos los que creyeran en Él. Fui capaz de ver algo de la capacidad de Jesús en él.

> Jesucristo describió al Espíritu Santo como ríos de Agua Viva, que fluirían desde lo más profundo del ser de los creyentes para satisfacer las necesidades de los demás.

Ese día, vi esto en acción.

En el avión de regreso a casa, tenía en mi mente dos canciones que se habían cantado en *La Sinagoga*:

> *Mi vida, le daré a Dios, mi vida. Si le doy a Dios mi vida, Él cuidará de mí. Él nunca, nunca me fallará; le daré a Dios mi vida.*
>
> *¿Quién es como mi Jesús, quién es como mi Señor?*

Cuando Gary me recogió en el aeropuerto de Heathrow, estábamos en un mismo espíritu y, a partir de ese momento, la vida no volvería a ser la misma. Este versículo bíblico resonaba en mi mente:

«Pero bienaventurados vuestros ojos porque ven, y vuestros oídos porque oyen; porque de cierto os digo que muchos profetas y justos desearon ver lo que vosotros veis, y no lo vieron, y oír lo que oís, y no lo oyeron». (Mateo 13:16–17)

En efecto, éramos conscientes de esa bendición.

El Milenio

Durante el paso de 1999 al nuevo milenio, antes de que hubiéramos escuchado el nombre de T.B. Joshua, habíamos llevado a nuestra familia al extranjero a un servicio de celebración de una iglesia en Toronto, Canadá, y posteriormente, a una escuela de enseñanza bíblica por tres días. En Año Nuevo de 2000 en la escuela bíblica, en uno de los seminarios, Guy Chevreau habló sobre avivamiento y dijo tres cosas que no pudimos olvidar:

1. No tendrá el aspecto que creen.
2. En los reinos celestiales ocurren más cosas de las que actualmente pueden imaginar.
3. El cumplimiento de todo por lo que están orando requerirá más entrega de su vida que con lo que la mayoría de ustedes se sienten cómodos actualmente.

Solo seis meses después descubrimos lo que Dios estaba haciendo a través de la vida de Su siervo T.B. Joshua. Qué verdad encontramos en esas sencillas afirmaciones.

Varios años después, tuvimos la oportunidad de conocer a Guy Chevreau cuando hablaba en una iglesia en Inglaterra y pudimos decirle personalmente lo importante que había sido para nosotros ese mensaje.

El Cristianismo no es una religión

T.B. Joshua predicando en 2002

«¿Cómo te comportas en casa, en el mercado?». Con un semblante cálido pero serio, el hombre de Dios se dirige a la congregación. En el sermón sobre la semejanza con Cristo en una de nuestras primeras visitas nos habló directamente a todos los que estábamos escuchando. El cristianismo no es una religión, sino una relación con Jesucristo que debe influir en nuestra forma de vivir.

Muchos son cristianos de profesión y no de corazón. Porque los hechos generados a partir de los pensamientos en la sala interior revelan otro dios, algo, alguien que hemos puesto por encima de Dios.

Desde los primeros días en que creímos en Jesús, cuando leíamos la Biblia como si nuestra vida dependiera de ella y teníamos una fe más sencilla, nos habíamos vuelto más «profesionales». Conocíamos el lenguaje correcto y cómo prepararnos bien para las diversas actividades «cristianas» pero, ¿nuestros corazones se estaban acercando a Dios o se estaban alejando?

> Lo más importante acerca del cristianismo no es la obra que hacemos, sino la relación que mantenemos y la atmósfera producida por esa relación.

Es posible impresionar a las personas con un comportamiento cuidadosamente preparado, pero el «ser real» detrás es en lo que Dios está interesado. Como T.B. Joshua declaró en uno de sus recientes mensajes:

> Lo que haces en secreto es lo que te responderá en público. No hay ningún atajo para la madurez espiritual. Nos hacemos espirituales viviendo en la Palabra y con la Palabra viviendo en nosotros.

También nos dimos cuenta de que nuestra creencia sobre la salvación corría el peligro de derivarse hacia algo conceptual en lugar de práctico. Pero como decía T.B. Joshua:

> Solo tu carácter puede testificar la autenticidad de tu confesión de Cristo.

No solo debemos confesar con la boca, sino creer en el corazón, y esa creencia en el corazón se expresa en nuestro carácter y en las pequeñas cosas que hacemos diariamente, no en el asentimiento mental a la doctrina correcta o a los hechos sobre Jesús. El nuevo nacimiento no es algo puramente místico que podamos reclamar solamente por la confesión y el asentimiento mental; es el resultado de la obra práctica real del Espíritu Santo para producir el cambio.

Habíamos leído los libros y creíamos entender la teología sobre esto, pero fue la claridad de la Palabra de Dios y la demostración del Espíritu de Dios a través del ministerio del Profeta T.B. Joshua lo que atravesó nuestros corazones con esta verdad.

John Fletcher, un estrecho colaborador de John Wesley en el siglo XVIII en Inglaterra, se enfrentaba a una deriva similar en la «religión» cuando escribió, con su habitual candor:

Rev. John W. Fletcher (1729-1785)

> Si nuestros oyentes no regenerados tienen ideas ortodoxas sobre el camino de la salvación en sus cabezas, frases evangélicas sobre el amor de Jesús en sus bocas, y un cálido celo por nuestro partido y formas favoritas en sus corazones; sin más, les ayudamos a clasificarse entre los hijos de Dios. Pero, ¡ay! Esta autoadopción en la familia de Cristo no pasará más en el cielo que la autoimputación de la justicia de Cristo. La obra del Espíritu permanecerá allí, y solo eso.[2]

Cristianismo práctico

No todo depende de Dios, y ciertamente no todo depende de

---
2 Fletcher, J. W. (1771). *A second check to antinomianism* [Una segunda revisión al antinomianismo].... W. Strahan. p. 66

nosotros; se necesita de la capacidad de Dios y nuestra voluntad para lograr la salvación.

Esta cita de T.B. Joshua refleja el sano equilibrio entre la gracia y las obras que es el fundamento del cristianismo «práctico». Ha sido el sello distintivo de los creyentes eficaces a través de los tiempos. En el siglo XVII, por ejemplo, el obispo Ezekiel Hopkins (1634-1690) dijo esencialmente lo mismo en su sermón sobre el cristianismo práctico:

> En primer lugar, trabajen con esa seriedad, constancia e infatigabilidad en el buen hacer, como si sus obras fueran las únicas capaces de justificarlos y salvarlos. En segundo lugar, confíen y dependan absolutamente de los méritos de Jesucristo para su justificación y salvación, como si nunca hubieran realizado un acto de obediencia en toda tu vida.[3]

En T.B. Joshua, vimos a alguien que no solo enseñó este equilibrio más claramente de lo que habíamos escuchado antes, sino que su vida fue una «carta viviente» consistente de esta verdad.

Líbranos del mal

Otra cosa que nos impactó fue la liberación de los espíritus malignos. No se trataba de algo pretencioso o de otro mundo, sino de la fuente real del mal presente.

La ira, la violencia, el miedo, el odio, los pensamientos continuos de muerte, el dolor y el tormento: todos los días, en nuestras pantallas o en los periódicos, leemos sobre hechos mortales inspirados por estas fuerzas, y todos los hemos experimentado en nuestros propios corazones.

En el Padre Nuestro, Jesucristo nos enseña a orar diariamente: *Líbranos del mal.* (Mateo 6:13). ¡Todo el mundo necesita ser liberado!

T.B. Joshua describió la batalla diaria a la que se enfrentan los creyentes:

> Hay una guerra constante entre la carne y el espíritu mientras estemos en este mundo. Una guerra se libra en tu corazón entre la fe y la duda, la humildad y el orgullo, la esperanza y la desesperación,

---

[3] Hopkins, E. (1701). *The Works of the Right Reverend and Learned Ezekiel Hopkins* [Las obras del reverendo y erudito Ezequiel Hopkins]. Jonathan Robinson. p. 665

la paz y la ira, la paciencia y la impaciencia, el conocimiento y la ignorancia, el autocontrol y la codicia.

No se trata solo de una guerra figurativa. Hay espíritus malignos de duda, de infidelidad, de impureza, etc., a los que hay que resistir con firmeza y negarles el acceso a nuestras vidas.

Fiona, con su experiencia en la profesión de enfermería, tenía una perspectiva particular,

Aprendí que a menudo también hay fuerzas detrás de la enfermedad física y la opresión psicológica que no podemos explicar de forma natural. La liberación en la oración masiva operaba a otro nivel, no trabajaba en contra de las maravillas de la medicina moderna, sino que se sumaba a ellas.

Vimos que las fuerzas negativas (espíritus) son expulsadas con una palabra de autoridad usando el poderoso nombre de Jesucristo. Pero nosotros también tenemos una parte que desempeñar para continuar viviendo victoriosamente adoptando un estilo de vida basado en el pensamiento positivo, la acción positiva y la confesión positiva haciendo de la Palabra de Dios el estándar para nuestras vidas.

Choque cultural

Nuestros primeros encuentros con La SCOAN también produjeron un choque cultural.

Un primer video muy instructivo (en formato VHS) sobre la reconciliación familiar contaba la historia de un hombre nigeriano cuya novia había quedado embarazada y él la había abandonado muchos años atrás. En el servicio de la iglesia, una poderosa palabra profética del Profeta T.B. Joshua señaló a este hombre, que había venido a recibir oración para un «avance» en los negocios. Se le dijo que había dejado embarazada a una chica en su juventud y que tenía que encontrarla y responsabilizarse del niño. Atónito, el hombre salió de la iglesia y se dedicó a hacer todo lo posible para encontrar a la mujer, que ahora era madre soltera. La madre soltera vino con el niño a la iglesia. Estaba muy contenta de que su hijo tuviera ahora algún cuidado paterno y económico. No se sugirió que se casaran, sino simplemente que cuidaran juntos del niño para que tuviera un padre. El testimonio fue muy conmovedor y una provocación para los que escuchaban que Dios Todopoderoso lo ve todo. La madre y el niño estaban muy agradecidos.

De regreso al Reino Unido, Fiona entregó la cinta VHS a la directora de una organización benéfica en la que trabajaba como voluntaria. Esta persona lo miró a través de una lente cultural británica y comentó simplemente como si la señora fuera una madre soltera en el Reino Unido, apoyada económicamente por el Estado de Bienestar. Sin embargo, para aquella mujer, la cuestión principal no era práctica o financiera, era emocional: ¿cómo se habrá sentido la madre al encontrarse con el padre del niño? ¡Eso nos abrió los ojos!

Observamos algo que también vimos en nosotros mismos, una voluntad subconsciente de imponer nuestra propia «cultura» como norma, de pasar todo por el filtro de nuestra visión personal del mundo.

T.B. Joshua comentó en una ocasión que había tenido que vivir por encima de su cultura; la filosofía de Jesús debe superar nuestras normas y nuestra crianza.

Sin embargo, esta obra de Dios tenía lugar, sin duda, en un entorno cultural que desconocíamos. El choque de culturas nos ayudó a reconocer algunas áreas en las que habíamos entendido inconscientemente la Biblia dentro de las limitaciones de nuestra propia experiencia, valores y expectativas. En este caso, veíamos algo diferente que, siendo más «crudo», estaba en muchos aspectos más cerca de la Biblia.

Por ejemplo, nos resultaba fácil interpretar la iglesia primitiva como si tuviera una estructura de gestión, con «ancianos» que celebraban reuniones de política y con los apóstoles de Jerusalén que constituían el máximo nivel de supervisión. Sin embargo, se trataba más bien de fe y de carácter. En el caso de T.B. Joshua, él no estaba en el modo de un gerente de estilo occidental, él conducía al arrepentimiento y a la fe en Cristo.

Una debilidad particular de nuestra cultura inglesa de clase media era el énfasis excesivo en las apariencias. Se sentía cómodo centrarse en la presentación, la apariencia y proyectarse en nuevos propósitos en lugar de mantenerse fiel hasta el final.

Querer cambiar puede sonar bien, pero el proceso de cambio real suele ser doloroso y desafiante.

Lento pero seguro

La visión era estupenda y emocionante. ¡Habíamos encontrado lo que buscábamos! Pero nos dimos cuenta de que realinear nuestras vidas no era una solución rápida. Sentimos que teníamos que «desaprender» muchas de las cosas buenas que habíamos aprendido anteriormente porque se habían contaminado culturalmente y las habíamos aceptado a un nivel demasiado superficial.

Habíamos visto una analogía de esto en la mejora de las carreteras en el Reino Unido. Cuando el tráfico aumentaba tanto que la carretera no podía soportar el volumen, era habitual construir una nueva autovía (carretera dividida). Aunque la dirección y el destino eran los mismos, la nueva estaba diseñada desde el principio para el mayor volumen de tráfico. Lo mismo ocurría con nosotros: no íbamos en una nueva dirección, sino que teníamos que empezar a conducirnos por la nueva carretera desde el principio.

Gracias a las enseñanzas bíblicas de T.B. Joshua, vimos que las principales herramientas que necesitaríamos eran la paciencia, la perseverancia y la resistencia. Un sermón que nos resultó especialmente útil en este sentido fue el segundo de una serie titulada «Lento pero seguro», pronunciado a principios de 2005.

LENTO PERO SEGURO (PARTE 2)

Servicio dominical de La SCOAN, 13 de febrero de 2005

Juan 5:1-14 — (1-6) — *Después de esto hubo una fiesta de los judíos, y Jesús subió a Jerusalén. Hay en Jerusalén, junto a la Puerta de las Ovejas, un estanque llamado en hebreo, Betesda, que tiene cinco pórticos. En ellos yacía una gran multitud de enfermos, ciegos, cojos y paralíticos, que esperaban el movimiento del agua. Porque un ángel bajaba a cierta hora al estanque y agitaba las aguas; entonces el que entraba primero, después de agitar el agua, quedaba sano de cualquier enfermedad que tuviera. Estaba allí un hombre que tenía una enfermedad de treinta y ocho años. Al verlo allí tendido, y sabiendo que ya llevaba mucho tiempo en esa situación, Jesús le dijo: ¿Quieres ser sano?*

Aquí podemos aprender muchas lecciones sobre el tiempo de Dios. El tiempo de Dios es el mejor. Hay que esperar el tiempo de Dios. Hubo un hombre en el estanque de Betesda que no se preocupó por el tiempo que tenía que esperar porque creía en Dios. Creía que si se sumergía en el agua, quedaría sano. Mientras esperaba al lado del estanque, muchos otros fueron sanados en su presencia, y debió haber escuchado muchos testimonios. Estaba allí tirado sin nadie que lo ayudara, pero no se desanimó porque creía en el tiempo de Dios.

Juan 5:14 — *Después le halló Jesús en el templo, y le dijo: Mira, has sido sanado; no peques más, para que no te venga alguna cosa peor.*

Aquí en La Sinagoga, puedes venir a orar por un problema particular, y después de la oración, el problema se resuelve. Un hombre sin visión no verá más allá de dicha sanidad. Pero este hombre en la Biblia vio una razón más allá de su sanidad —la salvación de su alma. Por eso Jesús lo encontró en el templo y no en una cervecería o en un burdel. La Biblia indica que Jesús reenfatizó en la necesidad de mantener su milagro manteniéndose santo. Por eso le dijo: «Vete y no peques más», es decir, ¡no vuelvas a hacerlo!

Jesús consideró necesario hacer esta consciente advertencia. Es común que las personas, cuando están enfermas, con carencias, con problemas, hagan promesas. Pero al día siguiente, se olvidan de todo: de las promesas, del celo que mostraron al principio y del sufrimiento que experimentaron en el pasado.

Recuerda la primera vez que viniste con dificultad, problemas o enfermedad. Recuerda tu promesa de que servirías a tu Dios con todo tu ser después de ser sano. ¿Sigues manteniendo esa promesa? Este hombre en el estanque de Betesda mantuvo su promesa; por eso Jesús lo encontró en el templo. Él vio una razón más allá de su sanidad. Si hubiera continuado su vida cristiana de la manera en que la comenzó, su situación no se vería como la leemos hoy. Como el hombre tenía una visión, continuó perseverando. El hombre sabía hacia dónde iba, así que continuó perseverando.

Hacía dónde vas tiene que ver con tu futuro divino; tiene que ver con tu destino divino. Si el lugar al que voy hoy me dice que seré un pescador, mañana compraré una red de pesca porque con ella sé que voy a prosperar.

¿Hacia dónde vas? ¿Vas hacia tu destino divino? Si vas hacia tu destino divino, tendrás resistencia, perseverancia y paciencia. Estas son las herramientas. Cuando tengas estas herramientas, serás capaz de afrontar la vida. Pero un hombre sin visión es un hombre sin paciencia.

Un buen ejemplo es José, el hijo de Jacob. Considera el camino hacia su destino divino: del pozo seco a la esclavitud en la casa de Potifar, y luego de la prisión al trono. Porque tenía una visión fue que pudo soportar el dolor en el pozo seco. Porque tenía una visión fue que pudo manejar la tentación de la esposa de Potifar. Porque tenía una visión fue que pudo soportar la condición de la prisión. Cada vez que José se encontraba en un lugar contrario a su visión, se decía a sí mismo: «¡Sé adónde pertenezco y no es aquí! Esta no es la promesa de Dios». Esto le impartía la fuerza para soportar su condición actual.

Recuerda, nuestros problemas se vuelven más fáciles de manejar cuando sabemos que no durarán mucho tiempo. José sabía que cualquier problema que estuviera atravesando duraría poco.

El camino hacia tu destino divino, el camino hacia tu futuro divino no es solo un lecho de rosas. Te vas a encontrar con escorpiones, serpientes, espinas... ¡Sólo menciónalos! Por eso debes tener resistencia. Por eso debes tener paciencia. Por eso debes tener perseverancia. Cuando no sabes hacía dónde vas, no puedes perseverar; no puedes ser paciente.

Muchos de ustedes aquí tienen la promesa de Dios, pero les falta paciencia, perseverancia y resistencia. Este es un mensaje que debes seguir si quieres tener éxito en la vida. Si tienes una visión, tienes hacia dónde vas y hacia dónde vas tiene que ver con tu destino divino.

Cuando tienes una visión, tienes valentía; tienes confianza. Pero un hombre sin visión es un hombre sin paciencia, sin perseverancia, sin resistencia. Cuando tienes una visión, incluso cuando alguien te abofetea, pondrás la otra mejilla si eso te permitirá alcanzar tu objetivo.

VIDA DESPUÉS DE LA VIDA

«¡Ekaaro!». Sonriendo, las señoras del pueblo saludaron en yoruba a la Señora Folarin Aisha Adesiji Balogun, madre de T.B. Joshua, el día especial de la ceremonia de bautizo en junio de 1963.

Ataviadas con coloridos vestidos y portando grandes ollas de arroz aromático, las señoras comenzaron a prepararse para la celebración.

—Señora, debe estar muy agradecida a Dios por haber dado a luz sana y salva— exclamaron las mujeres— ¿qué tendrá reservado Dios Todopoderoso para su hijito?

—¡Sí, él está bien, y mírenlo durmiendo plácidamente en la colchoneta!— fue la feliz respuesta de la mamá.

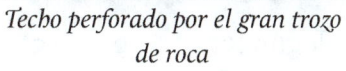

Techo perforado por el gran trozo de roca

Cerca de allí, los contratistas de la Corporación del Agua estaban detonando rocas para dar paso a las tuberías que iban a instalar.

Cuando todo estaba casi listo para la ceremonia de bautizo, de repente, un gran trozo de roca voló desde el lugar donde estaban realizando los trabajos de detonación y atravesando el techo del lugar de la celebración, cayó donde estaba colocado el bebé, pero por poco, no lo aplastó. Nadie observó cómo el pequeño fue movido a otra parte de la habitación. Solamente vieron que el bebé (de apenas siete días de nacido) había sido movido y lloraba con fuerza. Pero un milagro había sucedido: el bebe resultó completamente ileso. ¿Qué estaba ocurriendo en el mundo espiritual? Solo el tiempo lo diría.

Los gritos disminuyeron y los presentes se alegraron diciendo: «¡El bebé está a salvo!», sin embargo hubo más conmoción. La señora Folarin, madre del pequeño Balogun Francis (futuro Joshua), se desplomó en el suelo, no la podían reanimar, estaba profundamente desmayada.

«¡Llevémosla al hospital!». Todos los vecinos se unieron, se solicitó el transporte para tales

Testigo sostiene el propio trozo de roca

emergencias y, con alguien que llevaba al bebé aún sin nombre, todos partieron hacia el hospital. El arroz se estropeó.

¿Qué había sucedido? Lo importante es que Dios Todopoderoso había obrado un milagro, y a medida que se corría la voz por el pueblo, la gente comentaba: «Hay que vigilar a este niño; seguramente es Dios quien lo protegió, primero en el vientre de su madre y ahora de la muerte y de las heridas».

Nacimiento y niñez de T.B. Joshua

Un siglo atrás, en una comunidad rural llamada Aridigi, en el estado de Ondo, se hablaba de una profecía inusual. Balogun Okoorun, un guerrero y agricultor, profetizó que de esa rústica comunidad surgiría un hombre poderoso, famoso y con grandes seguidores.

Arigidi en el Estado de Ondo, Nigeria

Temitope Balogun (que luego se llamaría Joshua) nació el 12 de junio de 1963. Su padre era Pa Kolawole Balogun, del barrio de Imo, y su madre, la señora Folarin Aisha Adesiji Balogun, del barrio de Osin. T.B. Joshua fue su último hijo.

La historia de su estancia en el vientre materno fue muy discutida. Los primeros meses de embarazo fueron normales; el bebé estaba tranquilo en el vientre materno. Durante los últimos tres meses antes del parto, en los que el bebé se vuelve más activo y patea con mayor vigor, el futuro Joshua no manifestaba movimiento alguno. Esto provocó una larga estadía en el hospital para su mamá y aun se hablaba con frecuencia de la posibilidad de practicarle una operación de cesárea (es un procedimiento caro y arriesgado en las zonas más rurales de Nigeria inclusive hasta el día de hoy).

Casa de la infancia de T.B. Joshua

Su madre recordaba que estaba tumbada en la cama del hospital cuando un pastor ingresó a su cuarto y le dijo que no debía operarse, que Dios estaba ocupado preparando al niño para nacer. Le aconsejó que regresara a la casa, advirtiéndole que una operación no tendría éxito. El mismo mensaje se le transmitió al médico.

La mujer dejó el hospital después de tres meses y volvió a su casa para continuar la espera. Finalmente, una noche, después del decimocuarto mes de embarazo, el niño nació sin necesidad de operación. Todo el mundo se alegró, pero la ceremonia de bautizo no llegó a celebrarse debido al incidente de la «piedra voladora» que se relata al principio de este capítulo.

Finalmente se le dio el nombre al bebé, le habían puesto muchos, pero el preferido por él y sus padres fue Temitope, que significa: «Lo que Tú (Dios) has hecho por mí es digno de agradecimiento».

Fue criado en un hogar cristiano, su padre, Pa Kolawole, era agricultor y también secretario de la iglesia de San Esteban del pueblo. T.B. Joshua siempre recordaba que su padre lo llevaba a la iglesia cuando iba a trabajar. Pa Kolawole falleció cuando él todavía era un niño.

Pa Kolawole Balogun, padre de T.B. Joshua

Los primeros signos de celo espiritual marcaron sus años en la escuela primaria del pueblo. Su asignatura favorita era «Conocimiento de la Biblia» o «BK» (por sus siglas en inglés), y le encantaba leer las Escrituras. A esa edad, leía regularmente toda la Biblia y enseñaba a los demás.

Allí se ganó el apodo de «Pequeño Pastor» y dirigía la Hermandad Cristiana de Estudiantes.

Escuela Primaria Saint Stephen, Arigidi

Se recuerda un incidente particular de aquellos primeros días. Sucedió cuando un loco llegó a la escuela con un sable. Los alumnos y los profesores corrían de un lado a otro y nadie quería aproximarse a él. Sin embargo, el «Pequeño Pastor» se acercó con confianza al loco y le ordenó que entregara el sable en el nombre de Jesús, el cual obedeció.

T.B. Joshua después de terminar la escuela primaria

Por lo tanto, se puede deducir que el ministerio de T.B. Joshua comenzó en la Escuela Primaria de San Esteban, donde le quitó el sable al loco y comenzó a dirigir la Unión de las Escrituras, enseñando la Biblia y orando por muchas personas. Afirma que fue allí donde comenzó su conciencia de la presencia de Dios, y que continuó así desde aquel tiempo. En efecto, «todo lo grande empieza pequeño».

Traslado a Lagos

Aunque le fue bien en la escuela primaria, su experiencia en la escuela secundaria no fue tan sencilla. De hecho, tuvo muchas dificultades.

Los problemas económicos de la familia hacían que los costos no fueran accesibles. Aunque logró un ingreso tardío en un Colegio Musulmán, el Ansar-Ud-deen Grammar School de Ikare, cerca de su ciudad natal, se presentaron problemas.

T.B. Joshua a los 17 años

Llevar la Biblia abiertamente estaba prohibido, y

el pequeño grupo de creyentes cristianos, con él como líder, se debía reunir en secreto para leerla. Con el tiempo, se marchó y volvió a casa, sin continuar momentáneamente con alguna educación formal.

Pensando en cómo ganarse la vida para ayudar a financiar su educación, decidió trasladarse a Lagos. Durmiendo en el techo de un camión de yuca, hizo un viaje de cuatro días a Lagos hasta la Milla 12, en ese lugar había un enorme mercado internacional de frutas y verduras.

Halló un trabajo temporal lavando los pies sucios de los clientes del mercado. Oyendo hablar su dialecto local, interrumpió la conversación de unas mujeres a quienes pidió ayuda para ubicar a su hermana que vivía en Lagos. Luego de localizarla se hospedó durante un tiempo con ella en Egbe.

T.B. Joshua a los 20 años

Sin embargo, pronto, al no querer ser una carga para su hermana, se mudó y encontró un trabajo en una granja avícola transportando estiércol de pollo. Trabajó en este puesto durante un año y durante ese tiempo no podía deshacerse del mal olor de su cuerpo por más jabón que usara y, a menudo, las moscas revoloteaban a su alrededor. Incluso muchos años más tarde, T.B. Joshua nunca olvidaría lo que era trabajar día tras día en un lugar mal pagado y degradante que incluso los nigerianos locales no estaban dispuestos a realizar.

Al mismo tiempo, intentó avanzar en su educación matriculándose en diferentes escuelas nocturnas. Una vez más, financiar su formación académica siempre resultaba un problema, dado que tenía que trabajar a tiempo completo para pagar la renta y la comida.

Cuando consiguió establecerse en una escuela durante un tiempo, se destacó por ser bueno en atletismo. Durante este difícil período de su vida, también enseñaba la Biblia a los niños.

Sus esfuerzos por avanzar en el sistema educativo nacional de Nigeria acabaron en fracaso cuatro veces. Se inscribió en los exámenes del JAMB («Junta Directiva de Admisión y Matriculación» por sus siglas en inglés), pero por diferentes razones, como tener un accidente camino al lugar del examen y a veces olvidar documentos vitales, sus esfuerzos se vieron frustrados.

Si bien algunos estaban desconcertados por las circunstancias que atravesaba el joven T.B. Joshua, afortunadamente su madre, una mujer de fe, observaba los hechos como situaciones en las que Dios estaba involucrado, un «intervalo de parada» en el camino hacia su destino.

Esta percepción fue más evidente en una experiencia potencial y profundamente decepcionante cuando intentó alistarse en el ejército nigeriano.

Luego de aprobar el examen de ingreso en la Academia de Defensa de Nigeria, en Kaduna, fue invitado a una entrevista. Quizás esta vez tuviera éxito. Sin embargo, el tren en el que viajaba de Lagos a Kaduna sufrió una grave avería y dejó a todos los pasajeros durante seis largos días en el «monte» del estado de Kwara con escasa comida; al carecer de medios económicos para viajar el resto del camino hasta Kaduna, T.B. Joshua no pudo asistir a la entrevista pactada.

Es así que T.B. Joshua reflexionaría más tarde: «¿Quién sabe qué habría pasado si hubiera asistido con éxito a esa entrevista? Me sentí muy amargado por haber perdido otra oportunidad de triunfar en la vida».

Al volver al pueblo, las palabras que le dijo su madre lo reconfortarían en esa época de soportar un «pozo seco», como sucedió con José en el conocido relato del Génesis:

> Hijo mío, no te preocupes por como se ven las cosas hoy. Si tengo confianza en algún niño, ese niño eres tú. No tengas miedo de lo que te depara el futuro, porque sé que si alguien está destinado a fracasar, no eres tú. Así que ten paciencia y verás lo que Dios hará en tu vida. Estoy muy segura de tu futuro avance, teniendo en cuenta la fuerza de las predicciones y las profecías sobre ti incluso antes de que nacieras. No puedo olvidar tan fácilmente lo que experimenté cuando estaba embarazada de ti, y sé que Dios no puede mentir. Lo que sea que estés atravesando hoy, hijo mío, tómalo como un contratiempo temporal destinado a prepararte para los retos que te esperan. No olvides que tu nombre es «Temitope» y, por la gracia de Dios, el mundo entero

Vida después de la vida

tendrá motivos para dar gracias a Dios por ti.[4]

En efecto, esa palabra de fe se hizo realidad. Años más tarde, su enseñanza bíblica sobre José en Emmanuel TV animaría a miles de personas.

El «pozo seco» es aquel en el que no se encuentra ninguna salida a la situación, ninguna fuente de aprovisionamiento, pero al igual que el antiguo José no se dejó llevar por la amargura y la ofensa, tampoco Temitope Balogun Joshua lo hizo. Más tarde comentaría:

> En mi camino espiritual con Dios, he experimentado tiempos buenos y difíciles. Quién sabe lo que habría pasado si esas paradas temporales no se produjeran como intervalos. Recuerda que cuando Dios está ejecutando Su plan en nuestras vidas, también diseña y organiza eventos que continúan desenvolviendose hasta que Su propósito es revelado. Los altibajos en mi educación fueron parte de los eventos que revelaron el propósito de Dios en mi vida. Recuerda, el hombre que es pobre no es el que no tiene dinero, sino el que no tiene un sueño.[4]

Con frecuencia ha reconocido el ejemplo positivo de su madre en sus sermones, refiriéndose, por ejemplo, a su incansable labor de limpieza en la iglesia mientras oraba para que Dios limpiara su corazón mientras ella limpiaba Su casa. También le atribuía la siguiente cita, que tuvo un impacto positivo en su vida:

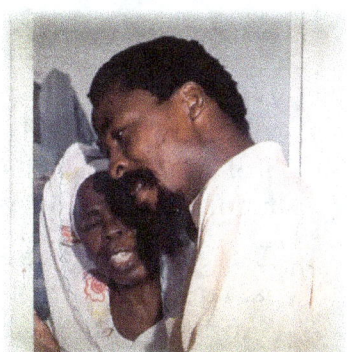

T.B. Joshua con una foto de su madre

> Cuando los tiempos son estables, y el mar está tranquilo y seguro, nadie es realmente probado.

Años más tarde, durante una visita a las Bahamas, donde fue recibido por el Gobernador General del país, fue informado de la última enfermedad de su madre. Posteriormente, ella falleció antes de que él pudiera regresar a Nigeria.[5]

---

4   *My Stopping Interval* [Mi intervalo de parada], Blog de La SCOAN, 5 de octubre de 2009
5   *Untold Story Of A Mystery - Prophet TB Joshua* [La historia no contada de un misterio - Profeta T.B. Joshua], The Sun (Nigeria), 5 de abril de 2009

Llamado Divino

Corría el año 1987 y, tras sus años en Lagos, el Espíritu Santo instruyó a T.B. Joshua para que emprendiera un prolongado tiempo de búsqueda del rostro de Dios en una montaña cercana a su ciudad natal, Arigidi. Allí, ayunó y oró durante 40 días y 40 noches. Escribió que, en una visión celestial, recibió la unción divina y un pacto de Dios para iniciar su ministerio:

> VIDA DESPUÉS DE LA VIDA
>
> Estuve en trance durante tres días consecutivos, entonces vi una mano que apuntaba una Biblia a mi corazón, y la Biblia entró a mi corazón, e inmediatamente mi antiguo corazón pareció sumergirse con la Biblia. Entonces vino la conciencia y vi a los apóstoles y profetas de antaño con alguien cuya cabeza no podía ver porque era alto hasta el cielo y estaba suspendido, creo que era nuestro Señor Jesucristo sentado en medio de ellos. También me vi en medio de ellos. Después de un tiempo, vi la mano del mismo hombre alto; no pude contemplar su rostro, que brillaba con una luz inimaginable, alto hasta el cielo y suspendido en el aire. Pero a los otros apóstoles, les pude ver sus rostros, particularmente a los apóstoles Pedro y Pablo, a los profetas Moisés, Elías y otros. Sus nombres estaban escritos audazmente en sus pechos.
>
>
> *Orando en la montaña*
>
> Oí una voz que decía: «Yo soy tu Dios; te doy una comisión divina para que vayás a realizar la obra del Padre Celestial». Al mismo tiempo, la misma mano del hombre alto me dio una pequeña cruz y una Biblia grande, más grande que la que entró en mi corazón, con la promesa de que si continuaba luchando en Su tiempo y en Su nombre, se me daría una cruz más grande, pero si fallaba ocurriría lo contrario. También oí la voz del mismo hombre alto (no podía ver Su cabeza), diciendo: «Yo soy el Señor tu Dios quien fue y quien es; Jesucristo», dando órdenes a todos los apóstoles y profetas. La misma voz me dijo: «Te mostraré

las maravillosas formas en que me revelaré a través de ti en la enseñanza, la predicación, los milagros, las señales y prodigios para la salvación de las almas».

Desde entonces, he recibido en mi visión, cada año según mi fidelidad a Dios, una cruz más grande que significa para mí más responsabilidades.

La Biblia que entró en mi corazón simbolizaba el Espíritu y la vida (el Espíritu Santo). La Palabra de Dios es Espíritu y vida. Él no hace nada sin Su Palabra. El libro de Romanos 8:16 dice que el Espíritu de Dios se une a nuestro espíritu para declarar que somos hijos de Dios. El Padre dio el Espíritu para hacernos semejantes a Su Hijo.

Padre, gracias por Tu Espíritu, llénanos con Tu amor y poder, cámbianos a la imagen de Cristo, día a día y hora a hora.

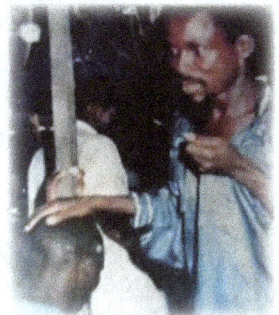

T.B. Joshua tras su regreso del ayuno de 40 días

Dios mismo derrama la unción divina en todos los que tienen el maravilloso privilegio de convertirse en Sus hijos (2 Corintios 1:21-23 y Lucas 24:48-49).[6]

Comienzos de la iglesia

T.B. Joshua caminando en 1989

Como muestra el video documental *Esta es mi historia*, el medio de transporte de T.B. Joshua en esos primeros años era caminar a todas partes. Dondequiera que fuera, los niños lo seguían. Esos niños y sus madres formarían parte de los primeros miembros de la iglesia.

En 1989, fundó los cimientos de la primera iglesia Sinagoga situada en Agodo-Egbe, Lagos, Nigeria. Caminó con alegría entre los primeros miembros mientras elevaba su fe con la Palabra de Dios. Aquí está la transcripción de ese corto y animado sermón:

---

[6] *How God Called TB Joshua* [Cómo llamo Dios a T.B. Joshua], Blog 'Distance Is Not a Barrier', página web estática

¡Aleluya! Sentémonos. ¡Amén! De hecho, no sé por dónde empezar. ¡Amén! He venido en medio de ustedes sólo para poner un cimiento. ¡Estoy aquí para poner un cimiento que hoy comenzamos la Sinagoga aquí! ¡La Sinagoga ha empezado aquí! He venido a poner un buen fundamento para la iglesia. Deben saber que este hombre siempre dice cosas en proverbios.

Todos los ancianos aquí han estado escuchando desde una edad temprana que Jesús viene. Hemos estado esperando Su venida hasta ahora, y todavía nos estamos preparando para ello. La razón por la que Jesús no ha venido es porque quiere que tú y yo nos arrepintamos de nuestros pecados porque no quiere que nadie perezca.

La primera iglesia en 1989

¿Te has arrepentido? La razón por la que la venida de Jesús se retrasa es porque Dios quiere que te arrepientas. Arrepiéntete de tu pecado para que no perezcas. Cuando Jesús venga, no perecerás; heredarás el Reino de Dios. Desde tu infancia, has aprendido que Jesús vendrá como un ladrón en la noche. Hemos estado esperando la venida de Jesús. La razón por la que la venida de Jesús se ha retrasado es por ti y por mí. Jesús quiere que te arrepientas; no quiere que perezcas. Para que cuando Él venga, pueda llevarte a la vida eterna. Si Jesús viene y tú no te has arrepentido, la venida de Jesús en tu vida no tiene sentido. Para que la venida de Jesús tenga sentido en tu vida, tienes que arrepentirte. Tienes que arrepentirte hoy y aceptar a Jesús. Para que cuando Jesús venga, puedas unirte a Él en el Reino de Dios.

Así que, pero yo y mi casa —y creo que tú eres mi casa— serviremos al Señor. ¡Aplaudan a Jesús! ¡Aleluya!.[7]

No pasó mucho tiempo antes de que los números crecieran hasta requerir un nuevo edificio para la iglesia, la segunda iglesia, que estaba en el mismo sitio. Sin embargo, esta sencilla estructura fue destruida durante una violenta tormenta.

---

7   *Esta es mi historia: Documental de T.B. Joshua,* Publicación en Facebook de TB Joshua Ministries, 2 de noviembre de 2017

Vida después de la vida

La segunda iglesia, destruida por una tormenta

Una vez destruido el segundo edificio de la iglesia, se construyó otro, esta vez con tablones de madera. El primer servicio se celebró en el nuevo edificio de La Sinagoga Iglesia de Todas las Naciones, en 1992.

El tercer edificio de la iglesia también sufrió graves daños por las inundaciones. Debido a esto y al creciente número de fieles que asistían a la iglesia, el Espíritu Santo instruyó a T.B. Joshua para que se trasladara a una nueva ubicación a unos tres kilómetros de distancia.

La tercera iglesia en 1992

Así, en 1994, la iglesia se trasladó a Ikotun-Egbe, su ubicación actual. Este fue el cuarto edificio de La Sinagoga, Iglesia de Todas las Naciones, el primer edificio de la iglesia en el nuevo emplazamiento. Fue este edificio, ampliado, al que llegamos cuando visitamos la iglesia por primera vez en 2001.

La cuarta iglesia en 1994

El emplazamiento de las tres primeras iglesias es ahora el lugar donde se encuentra el Campo de la Fe de La SCOAN, también conocido como «La Montaña de Oración».

Falso arresto

En el periodo comprendido entre 1994 y 2001 se produjo un crecimiento sustancial del impacto de la iglesia y la correspondiente persecución. En 1996, T.B. Joshua fue incluso acusado falsamente de tráfico de drogas y pasó 13 días en prisión. He aquí un reportaje de una confesión hecha en la iglesia tres años después por uno de los agentes que lo detuvieron en 1996 por la acusación de tráfico de drogas:

> Yusuf Hassan, originario del estado de Adamawa, dijo que trabajaba con la Agencia Nacional de Control de Drogas cuando un informante les avisó que Joshua estaba traficando con drogas dentro de las instalaciones de su iglesia.
>
> Al irrumpir en La Sinagoga, Iglesia de Todas las Naciones en Lagos con 18 agentes «armados» y seis soldados, Yusuf relató cómo el clérigo fue detenido y posteriormente encarcelado durante 13 días.
>
> —De camino a la oficina, le decíamos que si era un hombre de Dios, desapareciera— recordó Hassan, quien describió cómo los agentes se burlaron del clérigo camino a la cárcel.
>
> —Nuestros agentes destruyeron muchas cosas mientras buscaban drogas, pero no pudimos encontrar nada. Al decimotercer día, fue liberado porque no se encontró nada incriminatorio en él o con él— continuó Yusuf.
>
> Sin embargo, una vez establecida la inocencia de Joshua, Hassan reveló que la calamidad se ensañó con todos los implicados en la operación.
>
> «Entre los agentes que vinieron a detener a T.B. Joshua, tres de ellos ya no están vivos. Los 18 oficiales, excepto yo, han sido despedidos», reveló.
>
> El propio Yusuf dijo que estaba «en suspenso» después de que un caso judicial lo llevara a la cárcel durante diez meses.
>
> «Quiero que Dios me libere de la participación en esta detención», concluyó.[8]

Los rumores y las habladurías se extendieron a raíz de este incidente: un profeta detenido en una celda, acusado de traficar con drogas y de albergar armas. Sin embargo, sus enemigos se dieron cuenta de que ni siquiera la detención en una celda

Falso arresto en 1996

---

8 *Throwback as NDLEA Officer recounts arrest of TB Joshua for 'dealing in drugs'* [El oficial de la NDLEA relata la detención de T.B. Joshua por «tráfico de drogas».], The Eagle Online, 23 de septiembre de 2019

y las falsas acusaciones harían tambalear su fe en Dios. En su primera aparición en la iglesia, recién liberado, animó a la congregación:

> Si te dices a ti mismo: «¿Por qué me suceden a mí todos estos problemas, persecuciones, tribulaciones y todo tipo de cosas?», quiero que pienses de nuevo y te preguntes: «¿Por qué me suceden a mí todas estas bendiciones espirituales?»[9]

El rasgo distintivo de un cristiano es que las dificultades, los retos, las presiones y las persecuciones lo acercan a Dios, no lo alejan.

¡NACE EMMANUEL TV!

En marzo de 2006 tuvo lugar un importante nacimiento que iba a cambiar la vida de muchas personas para bien: nació Emmanuel TV. Sin embargo, la aparición de un medio de comunicación tan poderoso se produjo de una manera inusual.

Los evangelistas se agolparon en la pequeña oficina de T.B. Joshua diciendo:

«Señor, nuestro presidente está prohibiendo que se muestren milagros en nuestra televisión aquí en Nigeria, tanto en las estaciones locales como en la emisora nacional. Dice que, a partir de ahora, nuestros programas solo deben mostrarlo a usted predicando. Parece una persecución, hombre de Dios; mucha gente ha estado viendo estas estaciones locales y agradeciendo a Dios por lo que está sucediendo».

El mismo T.B. Joshua explicó qué sucedió después:

> Retiré mi programa de todas las emisoras. Fui a la Montaña de Oración y Dios me dijo: «Estoy al tanto; quiero que te descubras a ti mismo». Dios me pidió que abriera un canal de televisión, y Dios dijo: «Emmanuel TV». Yo mismo lo cambié por «SCOAN TV». La nube se oscureció, y Dios dijo: «Cuando te despiertes, cambia el nombre a Emmanuel TV». Fui advertido por Dios. Así fue como empezó Emmanuel TV.[10]

En aquellos primeros días, recordamos que declaró públicamente que

---

9 *Esta es mi historia: Documental de T.B. Joshua*
10 *Fear Next!* [¡Teme al futuro!] Blog de La SCOAN, 31 de mayo de 2017

Emmanuel TV llegaría a ser más grande que La Sinagoga, Iglesia de Todas las Naciones. En aquel momento, era difícil de imaginarlo, pero ahora es sencillamente cierto. El canal satelital es muy reconocido y ampliamente visto en gran parte del África subsahariana. En 2021, Emmanuel TV se había convertido en el canal cristiano generalista más visto del mundo en YouTube.

En efecto, era evidente que,

> El rechazo del hombre provoca la dirección de Dios.

Uno de los frutos de Emmanuel TV ha sido corregir algunos rumores sobre lo que ocurre en La SCOAN. Hubo varios testimonios de personas que antes perseguían y hablaban en contra de La SCOAN pero al ver, a través de Emmanuel TV, la realidad de lo que ocurre se han arrepentido de sus palabras y de sus acciones anteriores.

Un ejemplo notable tuvo lugar en el servicio dominical de La SCOAN el 7 de abril de 2013, cuando un pastor y su esposa compartieron públicamente su testimonio y confesión. Como un líder prominente, había predicado anteriormente en concentraciones nacionales de jóvenes que T.B. Joshua era el «anticristo de nuestra generación». Sin embargo, en un irónico giro del destino, el hombre contra el que había hecho las campañas y al que había calumniado religiosamente acabó siendo el mismo que Dios utilizaría para liberar a su familia de la esclavitud espiritual mediante la liberación. Esto ocurrió después de que él comenzara a ver Emmanuel TV en secreto, y lo que vio fue muy diferente de lo que le habían dicho. En su consejo final, suplicó a sus colegas ministros que averiguaran la verdad antes de precipitarse a juzgar.

SERVICIOS EN VIVO

Desde 2007, los principales servicios de La SCOAN se transmiten en directo por Emmanuel TV. Estos servicios en vivo han sido, para muchos en todo el mundo, un punto destacado de la semana. En todo el mundo, en diferentes zonas horarias, crecía la emoción, la gente se preguntaba: «¿Qué ocurrirá en el servicio en directo de hoy? ¿Qué hará Dios? ¿Participará T.B. Joshua personalmente, y si es así, qué mensaje bíblico traerá? ¿Qué testimonio y experiencia de vida se destacarán?».

Los testimonios ofrecían una ventana a la vida y mostraban el trasfondo de una persona. Se presentaban matrimonios destrozados que luego se reconciliaban, nada estaba «fuera de los límites» para que el pueblo de Dios pudiera aprender y ser advertido por las experiencias de otros.

Hubo casos desgarradores de mujeres mayores que temían ser catalogadas como brujas porque podían morir quemadas. Se invitaba a toda la familia a la iglesia y se les daba alojamiento y comida gratis para que todos los miembros claves participaran, opinaran y escucharan la sabiduría del hombre de Dios. En casa, en diferentes partes de Nigeria, otros miembros de la familia se reunirían en torno a una pantalla de televisión (orando para que no se cortara la electricidad), esperando escuchar lo que T.B. Joshua diría. Con esto se salvaron vidas, se redujo la violencia derivada de la ignorancia y se preservó la dignidad de toda la familia.

Los servicios en directo solían culminar con una oración masiva. Esto actuaba como un chequeo de salud espiritual; preparaba a la gente para la semana que tenían por delante.

«¡Rápido, reúnanse!». En los hogares de todo el mundo se esperaba con ansiedad la oración masiva, la parte de la «oración por los espectadores» del servicio en directo, y las palabras «espectadores de todo el mundo, toquen su pantalla». Al orar por ellos, T.B. Joshua se dirigía directamente a la cámara y extendía la mano hacia el objetivo. Con frecuencia, la sección de testimonios incluía a aquellos que estaban «conectados por fe» con esta oración y que daban gloria a Dios por lo que había hecho.

El servicio dominical de La SCOAN se convirtió rápidamente en un acontecimiento importante cada semana, con cientos de visitantes de otras naciones. En Ikotun Egbe surgieron hoteles en los alrededores y la economía local mejoró gracias a todos los visitantes que circulaban por las calles fuera de la iglesia. A medida que aumentaba el número de visitantes internacionales a la iglesia, el equipo adquiría experiencia en el trato con diferentes culturas. El desarrollo del servicio en directo y la importante afluencia de visitantes nacionales e internacionales demostró realmente que La SCOAN hacía honor a su nombre profético de Sinagoga, Iglesia de *Todas las Naciones*. Un domingo cualquiera, se podía mirar a su alrededor y ver las decenas de banderas de diferentes países.

Un hombre de familia

Desde los primeros días de nuestra relación con T.B. Joshua, pudimos observar como su esposa Evelyn, una mujer de apoyo, estuvo a su lado y que era una poderosa predicadora por derecho propio. Al entrar en el comedor de visitantes de La SCOAN, se distingue una hermosa foto de ella aceptando, en nombre de su marido, la condecoración de la OFR (Oficial de la Orden de la República Federal de Nigeria) de manos del Presidente Yar'Adua.

Sra. Evelyn Joshua con el Presidente Yar'Adua

En muchos actos internacionales, adaptándose amablemente a las expectativas culturales del país anfitrión, recibió en el escenario regalos de flores o de artesanía local. A veces, como en la Cruzada de Corea del Sur de 2016, se podía ver al Profeta T.B. Joshua rodeado por toda su familia haciendo fila para recibir al comité en el vestíbulo del hotel. Sus hijas adultas, conocidas por destacarse en diversos logros académicos, a menudo acompañaban a su padre en las visitas caritativas a los ancianos y también siendo parte integrante de los equipos de eventos de Emmanuel TV.

Sin embargo, quizá nuestro recuerdo más perdurable de la hermana Evelyn es el de ella acompañando a su marido en su firme marcha por los caminos embarrados de la selva ecuatoriana, ataviada con botas de goma. El vehículo que los llevaba quedó atascado en el barro y tuvieron que continuar el viaje a pie para inaugurar la escuela facilitada por Emmanuel TV tras el terremoto de 2016. Todo fue captado por la cámara y para la gloria de Dios una oportuna provisión llegó a través de un hermano local que con un caballo ayudó a llevar a la esposa del hombre de Dios y a otra evangelista en el tramo final del agotador viaje.

El amor por los animales siempre formó parte de la vida de T.B. Joshua, se conectaba con la naturaleza y la creación. Es así que pájaros, antílopes y pavos reales deambulan libremente por la «Montaña de Oración» en Lagos, también conocida como «Campo de Fe». Los animales han aparecido incluso en producciones de dibujos animados de Emmanuel TV, «reflexionando acerca de sus enseñanzas bíblicas favoritas».

T.B. Joshua estudiando en la Montaña de Oración

La Santa Biblia: Una parte integral de la historia

La Palabra de Dios tiene la capacidad de desarrollar una fuerza dentro de nuestros corazones llamada fe.

Es claro que en la historia de la infancia y del llamado de T.B. Joshua, la Biblia siempre fue una parte central de su vida y de su ministerio. A lo largo de los años hemos observado que su acercamiento a la Biblia fue diferente. Leía con avidez, pero no de forma «académica». Su predicación explicaba lo que la Biblia quería decir de forma sencilla pero profunda. Los temas claves que recorren sus mensajes no reflejan una teología «sistemática», más bien hacen énfasis en las características que son importantes para el corazón de Dios, tal como se revela a través de la Biblia.

La lectura de la Biblia es en sí misma uno de los temas comunes en sus sermones, y queda claro que no se trata solo de leer como se haría con un libro de texto o una novela, sino que la actitud del corazón del lector es crucial. Debemos leer la Biblia como si nuestra vida dependiera de ella.

Hace más de 250 años, John Wesley mostró una actitud similar al leer la Biblia. En el prefacio de sus sermones publicados, escribe:

> Soy una criatura de un día, que pasa por la vida como una flecha por el aire. Soy un espíritu que viene de Dios y vuelve a Dios: Sólo estoy flotando sobre el gran golfo; hasta que, dentro de unos momentos, ya no se me ve; ¡me dejo caer en una eternidad inmutable! Quiero saber una cosa: el camino al cielo; cómo llegar a salvo a esa orilla feliz. Dios mismo se ha dignado enseñar el camino: Para eso mismo vino del cielo. Lo ha escrito en un libro. ¡Oh, dame ese libro! A cualquier precio, ¡dame el libro de Dios! ... medito en él con toda la atención y seriedad con las que mi mente es capaz.[11]

Este es un claro ejemplo de una actitud de atención a la Palabra de Dios como si nuestra vida dependiera de ella, ¡lo cual es así!

Lee la Palabra de Dios como si tu vida dependiera de ella:

Léela, tiene un poder purificador (Juan 15:3).

Léela, tiene poder de conversión (1 Pedro 1:23).

Léela, tiene poder de permanencia (Salmo 119:89).

Léela, tiene poder sanador (Salmo 107:20).

Léela, es una guía para tus pies (Salmo 119:105).

Léela, es muy provechoso (2 Timoteo 3:16–17).

Léela, es tu arma espiritual (Efesios 6:17).

Léela, te guarda del error y del pecado (Salmo 119:11).

Léela, apunta a la vida (Proverbios 6:23).

Léela, alegra el corazón (Salmo 19:8).

Léela, se nos dice que lo hagamos (Josué 1:8).

(T.B. Joshua)

---

[11] Wesley, J. (1746). *Sermons on Several Occasions ...* [Sermones en varias ocasiones]; Volumén I. W. Strahan. Prefacio

¿Quién es como mi Jesús?

«Jesús», una mujer seguía orando, «esta es mi última oportunidad, mi última parada de autobús, por favor, usa al hombre de Dios para que me ayude, por favor, haz que mi bebé nazca sano».

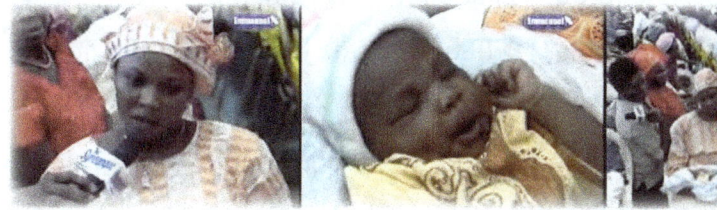

Lucía un vestido de tela color naranja y un pañuelo en la cabeza que le hacía juego, había llegado a La SCOAN a primera hora de la mañana en un transporte local y esperaba con la multitud que se agolpaba para ser atendida por los evangelistas. Tras relatar su situación, para su alivio, se le ubicó en la sección de la línea de oración, estaba consciente de su vientre hinchado y del bebé que no daba patadas. ¿Qué estaba sucediendo en su vientre?

El miedo y la decepción intentaron desalentar sus pensamientos con dudas: «No eres la única mujer embarazada aquí hoy. Mira a todas estas personas que esperan la oración, ¿por qué te ayudarían a ti?».

Decidida, se secó el sudor de la cara con un pañuelo y continuó su oración: «Señor Jesucristo, haz que Tu misericordia y Tu favor hablen hoy por mí; Tú eres el sanador, Tú eres el creador de mi bebé en el vientre. ¡Por favor, utiliza al hombre de Dios para rescatarme hoy!».

De repente, la espera terminó. A lo lejos, en el fondo de la pasarela, donde durante tantos años había tenido lugar la línea de oración, pudo ver la acción. El equipo de gente se movía, las cámaras estaban activas, y ella forzó la vista. ¿Será él?, «Sí», dijo su vecina, «es T.B. Joshua».

Mientras él avanzaba por la fila, extendiendo la mano para orar y profetizar, el equipo se adelantó y pidió a los que esperaban que se pusieran de pie mientras ellos se colocaban detrás de las sillas.

T.B. Joshua se acercó vistiendo un traje beige, de estilo local, y fijando sus ojos en ella, expresó un orden. La mujer escuchó esas palabras que recordaría durante el resto de su vida. Era una orden a su bebé en el nombre de Jesucristo.

Al instante, sintió que agua fluía entre sus piernas; comenzó el proceso de parto y empezó a quitarse la falda instintivamente.

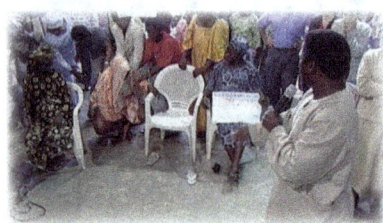
Bebé nace instántaneamente en la línea de oración

El hombre de Dios dijo: «¡No, no, no! ¡Cúbranla!», y de nuevo ante la voz de autoridad, inmediatamente se produjo el parto y cayó la bebé en el suelo seguida de la placenta. Mientras los acontecimientos se volvían borrosos para ella, los experimentados ayudantes la condujeron hacia el baño y, al comprobar que la placenta había salido por completo, cortaron el cordón, envolvieron a la milagrosa bebé en un paño limpio y llevaron a la mujer a descansar.

Estábamos entre el grupo de visitantes que presenció ese increíble milagro. Al día siguiente, los visitantes pudieron ver a la hermosa y saludable bebé y escucharon toda la historia de cómo ella estaba enferma y la bebé no se movía en el vientre. Nos maravillamos y dimos gracias a Jesús.

La niña se desarrolló y creció. Diez años más tarde regresó a La SCOAN para dar un testimonio de seguimiento e informar de su excelente progreso escolar.

Iglesia de todas las naciones

El Espíritu Santo había dirigido a T.B. Joshua para que se trasladara a Lagos (la antigua capital colonial de Nigeria) y lo había apartado para la obra del Señor. Se le dijo que iniciara su ministerio y lo llamara The Synagogue, Church Of All Nations (La Sinagoga, Iglesia de Todas las Naciones). Ikotun Egbe está ubicado en Lagos, se encuentra en una zona subdesarrollada en las afueras de la extensa megalópolis, donde casi todos son nigerianos. La promesa de una iglesia para todas las naciones en ese barrio parecía casi imposible, como en la Biblia cuando se le dijo a Abraham que sería padre de muchas naciones aunque su mujer no podía tener hijos y era de 90 años (Génesis 17). El comienzo de La Sinagoga se inició debajo de un árbol con unas pocas mujeres y niños. T.B. Joshua decía a menudo:

> Todo lo grande empieza pequeño; si algo empieza grande, causa preocupación.

Y también,

> Cuando una visión proviene de Dios, habrá un fuerte deseo de hacerla realidad. Incluso si no puedes ver cómo, lo lograrás. No importan los obstáculos en el camino hacia tu destino, siempre encontrarás la manera de construir puentes que cierren la brecha desde dónde estás ahora hasta tu destino. (véase Filipenses 3:13)

Antes de que llegaran visitantes internacionales a Ikotun Egbe, todos los miembros de la iglesia sabían de la visión referida a que un día la iglesia sería global con visitantes de todo el mundo.

Conocimos a una persona que había venido a estudiar al Reino Unido, que había oído decir esto con frecuencia durante los primeros días de la iglesia y se preguntaba cómo era posible que esa visión se hiciera realidad. Para gloria de Dios esta persona estuvo en la iglesia el primer día que ingresó un visitante internacional, era un pastor blanco de Sudáfrica que había oído hablar de los milagros, y sabía que Dios era fiel para cumplir sus promesas.

Primeras visitas grupales

En los años noventa, fervientes creyentes en Jesús (sobre todo de Occidente y de ideología protestante) estaban dispuestos a viajar por el mundo en busca de un avivamiento, es decir, de pruebas del poder de Dios en acción. Los creyentes cristianos, primero en Sudáfrica y luego en Europa, Estados Unidos y Asia, comenzaron a oír hablar de T.B. Joshua quien llevaba una vida simple en una cabaña de oración, era sencillamente un hombre justo al que Dios estaba utilizando. La gente estaba impresionada por lo que oía sobre este humilde hombre de Dios que pasaba mucho tiempo en oración. La evidencia mostraba que Dios lo estaba usando poderosamente con señales y maravillas.

El poder de Dios era obvio y evidente. ¿Necesitamos todos ese poder? Sí, en efecto, y aquellos que visitaron La SCOAN rápidamente comprendieron que se trataba de justicia, de buscar primero el Reino de Dios.

A partir de 1999, aproximadamente, se iniciaron las visitas internacionales. Los enfermos eran sanados, los oprimidos eran liberados, ¡había muchos testimonios! Después de nuestras primeras visitas en 2001, empezamos a llevar amigos para que experimentaran este gran mover de Dios. La concurrencia en grupo se multiplicó rápidamente, principalmente a través de las invitaciones personales.

Mucha gente facilitaba las visitas en grupo a La SCOAN en esa época. Hombres y mujeres se maravillaban de lo que Dios estaba haciendo, aunque también intentaban encuadrar lo que vivían en una «caja de avivamiento». En realidad se trataba de un hombre justo usado por Dios, un profeta de proporciones bíblicas, un Josué moderno, y los milagros y las demostraciones de autoridad sobre los espíritus malignos, algunos, en particular, eran visualmente sorprendentes. Muchos quedaban deslumbrados, algunos permanecían escépticos.

Algunos de los que se maravillaron trataron de copiar los

La Sinagoga no se trata de la Sinagoga, sino de un nuevo nivel de devoción a Jesucristo

aspectos externos de lo que veían: el estilo de oración, etc. Otros se interesaron por La Sinagoga como un modelo potencial para la forma de «hacer iglesia». Sin embargo, esto no era lo más importante. Como solíamos decir a la gente antes de su visita: «La Sinagoga no se trata de La Sinagoga, sino de un nuevo nivel de devoción a Jesucristo».

> *«Después de mi visita a La SCOAN, siento la presencia del Espíritu Santo guiándome constantemente y el amor de Jesucristo».*
> **Animesh, EE.UU.**

Muchos visitantes venían con su lista de peticiones de oración, pero el Espíritu Santo sanaba, liberaba y bendecía como quería. Así lo expresó el teólogo alemán del siglo XV Thomas à Kempis en su libro clásico La imitación de Cristo, «Homo proponit, sed Deus disponit», que significa, «El hombre propone, pero Dios dispone».

T.B. Joshua explicó algunas de las limitaciones de un enfoque tipo «lista de compras» para la oración:

«La gente piensa hoy en día que la sanidad, los milagros, los dones de profecía y todas las bendiciones de Dios se producen a voluntad de la persona en cuestión. Por eso, cuando se encuentra a un profeta, ustedes piden oración, sin importarle si es el momento adecuado o no. No estamos acostumbrados a un profeta».

La experiencia de la visita

El vasto país de Nigeria no suele ser un destino para los turistas internacionales. La mayoría de la gente solo viajaba allí por negocios, para estar en la Diáspora, para ver a la familia. A menudo era difícil conseguir visas, incluso con una invitación formal de la iglesia la visa era un requisito previo para la visita.

Los visitantes eran tratados como invitados individuales de T.B. Joshua y, en los primeros tiempos, se cubría todos los gastos de su hospedaje. A medida que aumentó el número de visitantes, se tuvo que cobrar el alojamiento, que incluía la comida y el transporte.

Un huésped sudafricano describió su estancia en La SCOAN como «un pedacito de cielo en la tierra». ¿Por qué? Porque allí se cumple la oración del Señor: «Venga Tu reino, hágase Tu voluntad, aquí en la tierra como en el cielo». Es un lugar en la tierra donde se hace la voluntad de Dios y el Reino de Dios avanza.

Hay una increíble sensación de rectitud y santidad que se experimenta cuando se visita La SCOAN. En este lugar el deseo de leer la Biblia aumenta, y se es más consciente del pecado y de la necesidad de cambiar. Dios es real y se puede sentir Su presencia. Algunos visitantes de Europa del Este también afirmaron haber visto ángeles en la iglesia y en la Montaña de Oración. En ocasiones se producían fenómenos inusuales en las fotos que sacaban, como por ejemplo en la tomada en el año 2006 en la entrada de la iglesia.

El motivo principal de la visita era buscar a Dios para la «salvación del alma», acercarse a Él y crecer en santidad. El énfasis se ponía en la vida espiritual y en el camino personal con Jesucristo, cuyo nombre se mantiene en el más alto nivel en La SCOAN.

Siempre decíamos a los visitantes potenciales de nuestros grupos que una semana en La SCOAN era más parecida a un retiro en un monasterio que a una típica conferencia cristiana con su programa preestablecido de sesiones de enseñanza y ministerio. En cualquier momento, los huéspedes podían ser llamados para orar, recibir una enseñanza o incluso ir a la Montaña de Oración por la noche.

El comedor de los hospedados funcionaba como la sala común. Entre las comidas, se animaba a los visitantes a sacar sus Biblias y cuadernos y mirar una selección de videos de enseñanzas bíblicas, milagros y liberaciones. A medida que se fue desarrollando Emmanuel TV, su programación

Fiona en la Montaña de Oración en 2005

sustituía a las cintas VHS. El santuario de la iglesia estaba abierto las 24 horas del día para la oración privada, y muchos visitantes decidían pasar allí un «tiempo de silencio» cada día. También se incluía recorridos por la Montaña de Oración, enseñanzas en directo y, a veces, sesiones de preguntas y respuestas con T.B. Joshua.

En una ocasión, T.B. Joshua se dirigió a los visitantes y les preguntó: «¿Quieren conocer el número de teléfono directo de Jesús, al cual llamar y obtener una respuesta, y no solo llenar el aire con fuertes clamores?». Todos escucharon, tratando de entender, y él lo explicó de manera muy sencilla: «el número de teléfono directo es "creer"». Es decir, cuando hablamos con Dios, tenemos que creer que nos escucha y que nos responderá a Su manera y en Su momento. No nos limitemos a llenar el aire con palabras.

Para la mayoría de los concurrentes, lo más destacado era el servicio dominical y, en los primeros tiempos, también los servicios de los miércoles. A menudo se nos invitaba a asistir a las reuniones de recién llegados de los lunes. Los servicios solían durar todo el día y, en algunos casos, se prolongaban hasta la noche. Todos los servicios continuaron incluso en medio del gran proyecto de reconstrucción de la nueva «catedral» en el 2003.

Construcción del nuevo edificio de la iglesia en 2003

Muchos venían a nosotros como líderes de grupo y decían: «Quiero que T.B. Joshua me hable en el servicio; quiero compartir mi problema con él». Siempre teníamos una respuesta: «Tienes que ir a lo más alto, hablar con su general, su jefe: ¡Jesucristo! Él instruye a T.B. Joshua, quien es simplemente Su servidor».

Antes del servicio en el que iban a recibir la oración, los visitantes eran entrevistados, y sus diagnósticos físicos se mostraban valientemente en pancartas. Este enfoque era novedoso para muchos, pero el propósito era avergonzar a Satanás, el maligno.

Después de recibir la oración, algunas personas sentían la necesidad de vomitar o toser y escupir el exceso de saliva, flema o incluso sangre. Este era un fenómeno nuevo para muchos de nosotros, más tarde descubriríamos que no se limitaba a ninguna cultura en particular; ocurría en otros países a los que T.B. Joshua o sus evangelistas viajaban para orar. La respuesta a menudo indicaba una forma de liberación de los espíritus malignos y con frecuencia iba acompañada de un alivio del dolor u otro tipo de sanidad.

Un equipo de saneamiento se armaba con guantes, artículos para limpiar las potenciales areas, desinfectante, cubetas y arena limpia, con la firme expectativa de que el poder de Dios se manifestaría de esa manera; más adelante, se incluirían bandejas desinfectadas para usar en los eventos. En La SCOAN, las señoras fuertes de mediana edad solían desempeñar ese papel, bellamente vestidas con su almidonado y colorido sombrero local.

A la persona que vomitaba, se la animaba a arrodillarse y a no tumbarse de espaldas por razones de seguridad. Se observaba atentamente y, una vez finalizado el proceso, se ofrecía pañuelos de papel para limpiarse la boca, por último se ayúdaba a sentarse de nuevo en su silla, transmitiéndole tranquilidad.

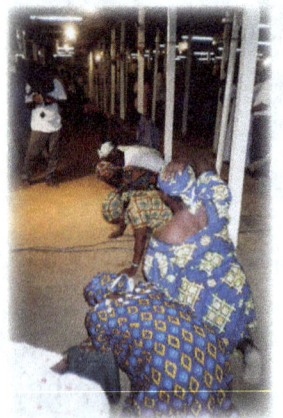
Vomitando sustancias venenosas

La autoridad sobre los espíritus malignos durante los servicios estaba al nivel de lo que leemos en el libro de los Hechos. Hubo una temporada en la que los «ogbanjes» (individuos endemoniados) eran «arrestados» espiritualmente mediante la oración. Sin un toque humano, sus piernas se bloqueaban en una posición cruzada, se les cuidaba con enseñanzas bíblicas y comida, brindándoles hospedaje durante unos días, normalmente hasta el siguiente servicio. Durante el servicio, se les ubicaba en fila junto al altar de La SCOAN, ellos daban su confesión y luego recibían la liberación. Antes de regresar a sus casas se les animaba a que vivieran para Jesús.

La confesión pública, que a menudo sensibilizaba mucho al participante, era una parte integral de los principales casos de liberación; de esta manera también la gente podía aprender y ser advertida para no caer en la misma trampa. Algunas de las historias solo podían describirse como espeluznantes y ciertamente no eran adecuadas para oídos sensibles. Sin embargo, constituían una educación «cruda» para los espectadores.

A lo largo de los años, diferentes ejemplos proporcionaron una visión del mundo espiritual. Se contaban historias sobre la vigilancia de cadáveres durante meses, todo tipo de formas en las que los espíritus malignos podían afectar el cuerpo y el alma humana, y descripciones detalladas de tentaciones que alejaban a las personas de la vida familiar, como es la adicción a la pornografía, la fornicación, la violencia, el adulterio o el fraude. A medida que el acceso a Internet se extendía por el vasto continente africano a través de la tecnología, de los teléfonos inteligentes, hubo una temporada en la que la liberación y la confesión se centraron específicamente en los «casos de Internet».

«Antes de mi liberación en La SCOAN, solía dar mucho valor a las cosas del mundo, pero ahora he encontrado un propósito para la vida y más allá».
Lerato, Alemania

Encuentro con el hombre de Dios

Durante más de 25 años, T.B. Joshua trató de ver individualmente a cada visitante; ancianos y jóvenes, ricos y pobres, educados e incultos, creyentes e incrédulos, cristianos, de otras fes o sin fe. Este encuentro era esperado con impaciencia por todos los visitantes internacionales. Para el equipo de La SCOAN era un complejo trabajo lograr que todos los visitantes vieran al hombre de Dios, como también así coordinar sus arribos al aeropuerto a tiempo. Era una tarea sagrada en la que el equipo de evangelistas se lucía.

Las personas esperaban con el corazón palpitante en las sillas fuera de la pequeña oficina de T.B. Joshua. Cuando ingresaban, el hecho de encontrarse con él como señor o como profeta parecía depender de cómo hubieran aprovechado el tiempo en La SCOAN y de la apertura que tenían hacia Dios. Algunos solo veían al «señor» y recibían una bienvenida, un apretón de manos y una bolsa de regalos, por ejemplo, videos, notas de sermones, camisetas, pegatinas ungidas. Los que identificaban en él a un «profeta», a un verdadero creyente de cuyo interior fluía el Agua Viva, el Espíritu Santo; buscaban satisfacer sus necesidades mediante la profecía ungida y la oración. Pero por fuera, parecía lo mismo.

Estábamos convencidos de que el cristianismo no era una religión, sino una relación con Jesús, y de que los acontecimientos narrados en el libro de Hechos de los Apóstoles seguían ocurriendo. Con nuestros corazones llenos de gozo, el equipo se despedía calurosamente de nosotros y subíamos felices al autobús rumbo al aeropuerto.

Tal fue el caso de cierto anciano británico.

> *«Cuando estás cerca del hombre de Dios, sientes el temor de Dios, una atmósfera trémula y reverencia. Y definitivamente te lleva a un deleite más profundo y al santo temor de Dios».*
>
> **Julia, Ucrania**

Un amigo, pastor, estaba preocupado por su padre, que era una persona incrédula, solo tenía conocimiento de Dios. Por ese motivo llevó a su padre, que también padecía de graves cataratas, a una de las visitas a La SCOAN. ¡Lo que ocurrió fue asombroso! Este hombre de casi 80 años fue bien atendido, pero no fue puesto en la línea de oración. En la oficina con su hijo, el Profeta T.B. Joshua le dio una palabra de conocimiento personal, algo que nadie sabía, ni siquiera su hijo. Al día siguiente, en el avión de vuelta a casa, el padre lloró y se confesó con su hijo, quien lo dirigió en una oración de compromiso con Jesucristo. A partir de ese día, el padre fue diferente, deseaba que le enseñaran las Escrituras. No mucho después falleció. Fiona asistió al funeral, el pastor se regocijó declarando su creencia de que su padre estaba ahora en el cielo.

Nuestra fe es más preciosa que el oro. El Dios al que servimos está más allá de las pruebas y las alegrías de esta vida; solo la fe agrada a Dios.

La fe en acción

En una sesión de enseñanza para visitantes, T.B. Joshua nos alentó, con una sonrisa paternal: «Ustedes buscan la sanidad, pero si van al mercado, saben que no pueden comprar una prenda de 5 dólares con solo 2 dólares. De la misma manera, su capacidad de creer necesita aumentar para lo que están pidiendo. La fe es una moneda celestial que compra cosas celestiales. La cantidad de fe que tienes es la cantidad de recursos celestiales que recibes».

Este era un mensaje directo que todos podíamos entender. Así que la pregunta era: ¿Cómo podemos aumentar nuestra capacidad de creer? La respuesta llegó rápidamente:

> Tu capacidad de creer puede aumentar o disminuir dependiendo de cuánto alimentes tu alma con la Palabra de Dios, la Santa Biblia.

También aprendimos que la fe debe ser probada para que se establezca en nuestros corazones y crezca.

Hubo momentos en que la fe de una persona fue probada poderosamente de la misma manera que en el caso de la madre que tenía su hija endemoniada, a la que tanto Jesús como sus discípulos ignoraron momentáneamente.

Se le acercó una mujer cananea de la vecindad, gritando: ¡Señor, Hijo de David, ten piedad de mí! Mi hija está endemoniada y sufre terriblemente.

> «El viaje a La SCOAN cambió mi vida. Me liberé del espíritu del miedo. Ahora he aprendido a pensar de una manera nueva, y mi vida espiritual ha crecido».
> **Veronika, Estonia**

Jesús no respondió ni una palabra. Entonces sus discípulos se acercaron a él y le dijeron: Despídela, porque no deja de gritar detrás de nosotros. (Mateo 15:22–23)

Jesús estaba poniendo a prueba su fe. Al final, el elogio que Jesús hizo de la actitud de esa mujer es un mensaje y un aliento para todos.

¡Mujer, que grande es tu fe! (Mateo 15:28, NVI)

Esta ocasión es memorable en muchos sentidos, la hemos visto reflejada en T.B. Joshua, al elogiar públicamente a la humilde gente del pueblo por su sólida creencia en el poder redentor de Jesús.

Algunos visitantes que entraron en el recinto de La SCOAN, respiraron hondo y supieron en su corazón que habían llegado a la arena de la libertad. Ese tipo de fe recibía de Dios. No importaba mucho si la persona se colocaba en alguna línea de oración, si se quedaba en el alojamiento de la iglesia o en un hotel local cercano, si alguien le imponía las manos en oración o no, si sus seres queridos necesitados estaban presentes con ellos o si solo habían traído sus fotos, no era una preocupación importante. Tenían la divisa celestial de la fe en Jesucristo, nuestro mediador y abogado. Estas personas solían dar testimonio a la semana siguiente, dejando claro que no hay métodos ni pasos mágicos que seguir.

Servicio dominica de La SCOAN en 2009

Del mismo modo, una persona puede formar parte de un grupo, ser colocada para oraciòn en la línea de oración y recibir de Dios, pero luego puede perder rápidamente la bendición al volver a casa. ¡Tenemos un papel esencial en el mantenimiento de nuestra bendición!

Todo lo grande empieza pequeño; nuestra confianza en Dios como Sanador debe ejercitarse en los pequeños retos de la vida diaria. Como sabe cualquier corredor, no se puede correr una maratón si no se entrena primeramente para 5 km.

En algunas oportunidades se solicitaba a los visitantes que trajeran una foto de su pariente enfermo y que lo presentaran ante el Señor. Los que podían recibir este pedido con fe, experimentaban el momento para acercarse a Dios y ponían a sus seres queridos en Sus poderosas manos dado que el Profeta T.B. Joshua bien podría recibir de Dios una profecía personal o una palabra de conocimiento para la persona en tales casos. Dios responde a nuestra fe, no a nuestra desesperación.

Otros visitantes aprendieron al tener que esperar que, efectivamente, «el tiempo de Dios es el mejor». Recordamos bien a una señora rusa, que no recibió confirmación de su solicitud para visitar La SCOAN y se preguntó por qué. Pasaron varios meses y, felizmente, se unió a otra visita de grupo más tarde y recibió una oración por ella y su familia en el servicio dominical. Al día siguiente la encontramos en la mesa del desayuno corriendo de un lado a otro para encontrar al traductor. ¿Qué había pasado? Sin aliento, nos explicó: «¡Dios ha respondido a mis oraciones! He recibido una llamada telefónica; el marido de mi hija está en la cárcel. Hoy le han dicho que su condena se ha acortado en nueve meses y que va a ser liberado». Levantó los brazos al cielo proclamando en ruso: «Спасибо тебе, Иисус! (¡Gracias, Jesús!)». En verdad, los caminos de Dios no son nuestros caminos. Él sana y bendice como quiere.

> *«Fui a La SCOAN como una persona religiosa, y volví a casa como una persona nueva, una nueva creación en Cristo».*
> **Aushrine, Lituania**

Testimonios para futuras generaciones

Durante el ministerio terrenal de Jesús, los milagros llevaron a la gente a escuchar el mensaje de salvación. Como decía a menudo T.B. Joshua:

> Un milagro no es un fin en sí mismo, sino un medio para un fin, que es la salvación de tu alma.

Una de las instrucciones que le dio el Espíritu Santo desde el principio de su ministerio fue la de «tomar registro». Su documental «Mi historia», por ejemplo, se apoya en pruebas visuales desde las primeras etapas.

Tenemos en la Biblia un registro de algunos de los milagros en el ministerio terrenal de Jesucristo. Leemos cómo un hombre que esperaba en el estanque de Betesda había sido un inválido durante 38 años; una mujer que tocó el borde del manto de Jesús había estado sangrando durante 12 años, habiendo gastado todo su dinero en tratar de encontrar una cura. Para que estos hechos queden registrados, alguien debió entrevistar a las personas que fueron sanadas.

Los discípulos vieron a Jesús hacer muchas otras señales milagrosas además de las registradas en este libro. Pero estas se escribieron para que ustedes continúen creyendo que Jesús es el Mesías, el Hijo de Dios, y para que, al creer en él, tengan vida por el poder de su nombre. (Juan 20:30–31)

El propósito del registro en los Evangelios es claro. Es llevar al lector a una posición de fe salvadora en Jesucristo.

La intensa pasión de T.B. Joshua por ver a Jesús glorificado y a la gente salvada impulsó todo el ministerio audiovisual de La SCOAN y de Emmanuel TV.

A menudo se grababa antes, durante y después de la oración. Los visitantes recibían copias de los testimonios en

Primeros videos VHS de La SCOAN

videos resultantes para que se los llevaran a casa y los utilizaran según el Espíritu Santo los guiara. De esta manera, «Milagros Divinos Parte 5», la famosa cinta VHS que incluía la sanidad de un hombre con cáncer de nalgas, llegó a muchos países.

Uno de las primeras motivaciones que recibimos fue el procurar que los videos de milagros alcanzaran a un público mucho más extenso. Se los mostrábamos a nuestros amigos, pero la visión más amplia para conseguirlo, como de reunir a la gente en un cine o en un club para ver estas poderosas liberaciones parecía, vaya, «desafiante». ¿Cómo podría ocurrir esto en el Reino Unido?

Hoy nos preguntamos si el Profeta T.B. Joshua, un hombre que miraba más allá, estaba vislumbrando el futuro en el que Emmanuel TV arrasaría en YouTube y la gente disfrutaría de los clips en todo el mundo (al estilo del cine) en sus salas. Por aquel entonces, en 2001 y 2002, ni siquiera se había pensado en compartir videos online.

Como en otros ámbitos de la vida, hay una obra que realiza Dios y otra que nos corresponde a nosotros. Dios hace el milagro, pero nosotros trabajamos al grabar los testimonios de los milagros de una manera que se logre comunicar claramente. Por eso, normalmente, los que vienen a orar a La SCOAN son entrevistados durante un tiempo de registro y se les pide un informe médico oficial si su condición es de salud. Ese tiempo de entrevista es también una oportunidad para aconsejar a los que buscan la sanidad, en algunos casos, para que realicen más pasos a fin de construir primeramente su fe en Jesucristo.

> *«Después de cada visita a La SCOAN, Jesús está cambiando nuestro carácter, nuestros hábitos y nuestra mentalidad».*
> **Rytis, Lituania**

Luego, durante la oración propiamente dicha, el equipo de cámaras toma un papel crucial en el ministerio. Pocas personas pueden presenciar la oración claramente delante de ellos en la iglesia, pero miles más las pueden mirar en pantallas colocadas alrededor de la misma y potencialmente millones más pueden verla a través de transmisiones en vivo y clips grabados. Por lo tanto, es importante, para la gloria de Dios, que las cámaras tengan una visión clara.

Los incansables miembros de ese equipo permanecen mucho tiempo después de que los servicios hayan concluído entrevistando a aquellos que tienen un testimonio o una experiencia inmediata que compartir que animará a otros hacia la fe en Cristo.

Sanidad Divina

La sanidad divina es el poder sobrenatural de Dios, que trae salud al cuerpo humano.

La evidencia física de lo sobrenatural que causa cambios en nuestro cuerpo, que llamamos «Sanidad Divina en el nombre de Jesucristo», no es magia; no es un poder abstracto. Lo recibimos por gracia y lo mantenemos por fe. La sanidad divina, la liberación y el avance están disponibles gratuitamente a través de la cruz de Jesucristo.

Como enseña regularmente T.B. Joshua, la sanidad en la Biblia es una promesa relacionada con el sacrificio de Jesús en la cruz:

> Todo el castigo que Jesucristo recibió antes y durante su crucifixión fue para nuestra sanidad: espíritu, alma y cuerpo.

> Cristo pagó por tu perfecta y completa sanidad cuando murió en la cruz. (véase 1 Pedro 2:24)

> Solamente existe un motivo para reclamar la sanidad/la bendición/la salvación/la protección: por Sus heridas.

> Puede que no hayas experimentado la sanidad, pero eso no significa que Él no la haya provisto; por Sus heridas, somos sanados.

Muchos otros hombres y mujeres de fe a través de los años también han enseñado el principio de la sanidad divina a través de la expiación. Por ejemplo, A.B. Simpson (1843-1919), fundador de la Alianza Cristiana y Misionera, escribió:

> La expiación de Jesucristo cubre nuestras enfermedades y proporciona una base sólida para reclamar, en su nombre, la sanidad divina por medio de la simple fe y cuando andamos en santa obediencia, que, por supuesto, es el elemento indispensable dentro del cual podemos seguir recibiendo cualquiera de las bendiciones del Evangelio.[12]

No limites a Dios

Jesús ha proporcionado sanidad, pero T.B. Joshua también enseña de la Biblia que no debemos limitar a Dios a ciertas respuestas a la oración:

«Cuando ores, no debes limitar a Dios a ciertas respuestas; deja que tu oración sea de agradecimiento, no solo por lo que Él ha hecho, sino por lo que es capaz de hacer, porque puede que no sepamos cuánto lo necesitamos. Él es capaz de hacer más de lo que podríamos soñar».

Nosotros, como seres humanos, podemos ser muy demandantes. Podemos sentarnos tranquilamente en la iglesia, pero diversas preguntas

---

[12] Simpson, A.B. (Aug 1890). *Divine Healing in the Atonement* [La sanida divina en la expiación], Christian and Missionary Alliance Weekly, pp. 122-124

pueden estar rondando en nuestros corazones:

- «Todo depende de Dios, Él es quien tiene el poder, Él puede sanarme si quiere».
- «He ahorrado y pagado (o pedido prestado) mucho dinero para venir aquí; por lo tanto, Dios debe responder a mi oración».
- «Mi pariente cercano está cerca de la muerte; Jesús debe tocarlo hoy».
- «No puedo soportar más mi situación laboral; el hombre de Dios debe hablarme hoy».
- «Oro toda la noche en la vigilia, hago ayunos, lloro todo el día; por lo tanto Dios debe escucharme».
- «He dado mis diezmos durante muchos años, soy un buen miembro de la iglesia y ayudo a enseñar en la Escuela Dominical. ¿Por qué me afligen todas estas enfermedades?».
- «He gastado todo mi dinero, he visitado a todos los conocidos terapeutas alternativos, Sangomas (herbolarios, brujos) de mi país, pero no estoy mejor. ¿Puede ayudarme este hombre de Dios?».
- «Realmente no creo en todo esto, pero he oído que este pastor tiene algo de poder; quizás me ayude».

Jesús nunca prometió alejar a los creyentes de los tiempos difíciles o de las pruebas, Él prometió estar con nosotros hasta el final. Como explicaba a menudo T.B. Joshua:

> Ya sea que Jesús me sane o no, Él es mi Sanador; ya sea que me bendiga o no, Él es mi Proveedor de bendiciones.

> Aprender a escuchar a Dios después de la oración es una bendición mucho mayor que la que se busca.

De nuevo vemos que el cristianismo no es una religión, una fórmula o una técnica para el éxito, sino una relación personal con Dios a través de Jesucristo.

Evelin, de Hungría, es una de las muchas personas que han recibido la sanidad divina a través de la oración en La SCOAN. La mejora física es una gran bendición, pero el crecimiento en la relación con Dios es aún mayor:

> Perdí la audición en mi oído derecho cuando era una niña. La razón era desconocida, y a pesar de los diferentes tratamientos, no hubo ninguna mejora. Finalmente, los médicos me dijeron que los nervios estaban dañados y que no había solución a mi problema, lo que me causaba muchos inconvenientes en la vida diaria. De adulto, seguí recibiendo el mismo diagnóstico y, además del uso de un audífono, que era incómodo y se sentía extraño al usar, no había solución.
>
> Después de más de treinta años de esta sordera, solo un toque del cielo a través del hombre de Dios, el Profeta T.B. Joshua (en 2016) puso fin a esta condición. Mi oído fue abierto y mi testimonio se extendió por el mundo, alcanzando a personas en diferentes naciones y continentes.
>
> Sin embargo, el mayor milagro no fue mi sanidad, sino el hecho de que he tenido una parte de la gracia y de la unción de un profeta de Dios, que me dio la mayor de todas las bendiciones: He aprendido a seguir el proceso y el tiempo de Dios y a orar según Su voluntad por Su Espíritu. No hay palabras para expresar mi gratitud; todo lo que tengo es una vida para Jesús.[13]

Dios y la Medicina

El hecho de que Jesús siga sanando hoy en día no niega la noble labor de la profesión médica a la hora de diagnosticarnos y tratarnos cuando estamos enfermos.

> Si no puedes confiar en Dios con la medicina, no puedes confiar en Dios sin la medicina.

T.B. Joshua proclamó este mensaje en un servicio dominical en directo en Emmanuel TV. Lo repitió diciendo: «¡Escríbanlo!».

No se trata de una situación donde aceptas una o desechas la otra. O usas la medicina en lugar de confiar en Dios, o confías en Dios en lugar de usar la medicina. Más bien se trata de tu relación con Dios. Si no creemos que Jesús está con nosotros a través de Su Palabra, por Su Espíritu, con nuestro tratamiento médico, nos puede resultar difícil creer en Dios por Sus promesas en la Santa Biblia para la sanidad sobrenatural.

---

13 Comunicación privada

Tras muchos años de facilitar la visita de decenas de grupos internacionales a La SCOAN, es evidente que hay opiniones diferentes sobre la sanidad y la liberación. Estas pueden ir desde los que creen que la era de los milagros murió cuando los Apóstoles murieron, que ahora Dios ayuda solamente a través de las maravillas de la medicina moderna, hasta los que enmarcan cada síntoma y enfermedad en términos espirituales, un ataque del enemigo que necesita ser liberado por la oración.

También nos encontramos con una escuela de pensamiento que considera que todo es adquirible con dinero o exigible en nuestros términos, especialmente cuando está relacionado con condiciones de salud en las que los médicos no pueden ayudar. Sin embargo, así como la santidad de la Biblia no está en venta, la sanidad tampoco está en venta o disponible por más que gritemos. Se revela una suposición en la persona de que debe haber en algún lugar ese «poder» almacenado y que más súplicas y demandas lo forzarían a salir.

Las distintas culturas utilizan formas diferentes de describir sus problemas. Los que proceden de países con servicios sanitarios más desarrollados hablarían de «tendencias familiares» a ciertas enfermedades, por ejemplo, problemas de corazón y cánceres en la familia. Se puede comprobar que muchas de estas personas acuden a Dios como último recurso cuando todo lo demás parece haber fracasado.

Los que proceden de culturas con enfoques diferentes de la salud, en las que la gente es tan propensa a consultar a la iglesia o al herbolario local (brujo) como al médico, se relacionarían más con el término maldición ancestral o familiar. En realidad, tanto si se denomina tendencia familiar como maldición familiar, los efectos en la vida de las personas de todos los continentes suelen ser similares.

Algunas personas eran más propensas a tener complicaciones por su enfermedad, mientras que otras respondían bien a los tratamientos. Algunas familias eran propensas a morir a una edad más temprana por enfermedades o accidentes graves, mientras que otras se salvaban. T.B. Joshua explica que cuando la enfermedad se convierte en una maldición, solo Jesús puede eliminar la maldición.

La vida es un campo de batalla. En un servicio, supo decir públicamente: «Permítanme mostrarles el rostro del cáncer», y al pronunciar una palabra de autoridad sobre una mujer en la línea de oración que era paciente de cáncer, su rostro cambió instantáneamente a un semblante demoníaco maligno.

En algunos casos, la liberación conducía a una sanidad instantánea, mientras que en otros descubrían que sus condiciones respondían al tratamiento de manera diferente después de la oración. Llegamos a comprender que no hay respuestas simples, excepto confiar en Jesús día a día a través de las tormentas y vicisitudes de la vida.

Los Doctores tratan las enfermedades, pero Dios sana

Desde los primeros tiempos del cristianismo, los cristianos se han caracterizado por atender a los enfermos.

Existen muchos ejemplos de médicos y cirujanos piadosos que han visto a Dios como el que los inspira para adquirir las habilidades especializadas necesarias con el fin de realizar complejas operaciones quirúrgicas. También están los creyentes piadosos cuyas investigaciones en medicina conducen a grandes descubrimientos para aliviar el sufrimiento. Un ejemplo es Alexander Fleming, descubridor de los antibióticos, que dijo famosamente: «La mente no preparada no puede ver la mano tendida de la oportunidad» y «la naturaleza hace la penicilina; yo solo la encontré».

Dios es, en efecto, el Dios de la naturaleza, como ha dicho a menudo T.B. Joshua, y los medicamentos actúan en el ámbito de la naturaleza. Al igual que un agricultor ejerce la fe en la naturaleza cuando planta una semilla y espera que crezca sin desenterrarla para comprobarlo, así también los creyentes en Cristo deberían tener fe en el Dios de la naturaleza, especialmente porque tienen tantas promesas registradas en la Biblia.

T.B. Joshua siempre mantuvo el máximo respeto por la profesión médica, pero ha subrayado que los siervos de Dios y los médicos deben trabajar juntos. A lo largo de los años, muchas personas le han pedido ayuda para sus dolencias, y él los ha apoyado para que acudieran a un tratamiento médico especializado. En uno de esos casos, explicó:

> Cuando un paciente está ante mí, le pregunto a Dios: «¿Qué quieres que haga, Señor?». Si Dios dice: «Llévalo a tal lugar», conozco mi límite. Debo tener un límite porque no soy Dios; solo Dios no tiene límites. Cuando se trata de cuestiones como éstas, soy un siervo. Solamente puedo hacer lo que se me encomienda; no puedo hacer más de lo que se me encomienda.
>
> Así que este es un ejemplo de trabajo conjunto: el siervo de Dios y los médicos. Cuando alguien está en la sala de operaciones, el siervo de Dios estará en actitud de oración durante toda la operación, de modo que incluso el médico no será el que haga la operación, Dios solamente usará su mano para hacer la operación.[14]

«¡Hombre de Dios, ayúdame, por favor!». Durante un servicio dominical, un joven nigeriano de la zona no pudo contener su emoción: «Me hirieron haciendo mi trabajo para el Banco, y las heridas que recibí me cambiaron la vida. No puedo orinar normalmente, tengo un catéter, y soy un hombre joven...». Su voz se quebrantó. T.B. Joshua comprendió.

Llamó a algunos médicos que asistían al servicio y les pidió que examinaran en privado al joven llamado Gift y luego llevó la situación a Dios para que le diera sabiduría. Mientras tanto, el joven con el corazón latiendo empezó a tener esperanza; alguien se preocupaba por su estado. El cristianismo es práctico.

Pronto llegó la solución; los esfuerzos médicos para ayudarlo habían fracasado en Nigeria, pero en un hospital especializado había cirujanos formados a un nivel superior y esa podría ser la respuesta de Dios. Así fue. El ministerio envió al señor Gift más dos acompañantes para que viajaran a un prestigioso hospital de la India cubriendo todos los gastos. Se trataba de un joven que nunca había subido a un avión ni tenía pasaporte internacional. La compleja cirugía correctiva se realizó allí con éxito.

---

[14] *Si los siervos de Dios y los médicos trabajan juntos,* Publicación en Facebook de TB Joshua Ministries. 14 de julio de 2020

El señor Gift regresó regocijado para declarar con un corazón agradecido que su cuerpo ya funcionaba, que podía orinar con normalidad y que el catéter solamente era un recuerdo tenue y lejano.

Sr. Gift comparte su testimonio

Al ver esto, nos sentimos muy agradecidos por la sabiduría de Dios al instruir a Su siervo para manejar las situaciones de distintas maneras, conforme recibía instrucciones de parte de Él.

Empatía hacia los vulnerables

Un aspecto de la sabiduría de Dios en T.B. Joshua se refería a ser cuidadoso al orar por los que se encontraban en la categoría de vulnerables; esto podría incluir a los niños autistas, a los que tienen deficiencias mentales y a los que padecen enfermedades mentales bajo serios medicamentos por mucho tiempo.

No hay ninguna sugerencia de que «una talla única sirva para todos» o de que todos necesiten ser ministrados en liberación. Hemos viajado a lugares en los que a las personas vulnerables no se las trataba con mucha comprensión, provocando en ellas dolor y decepción.

Al principio, durante una visita de un grupo del Reino Unido, se produjo una experiencia saludable acerca de lo que puede ocurrir cuando somos iluminados en la «arena de la libertad», como finalmente se le conocería a La SCOAN. Un hombre de negocios británico se unió a una visita a La SCOAN, pero omitió mencionar su problema de salud mental y que había sido ingresado más de una vez en una conocida institución de salud mental. Al principio, en la línea de oración, saludó al Profeta T.B. Joshua (como si se encontrara con el Papa) arrodillándose reverentemente ante él y besando su mano. Sin embargo, más tarde apareció en el comedor con una prenda blanca suelta, con aspecto de trastornado mental, con el pelo revuelto, agarrado a una cruz y haciendo comentarios explícitos y groseros a todos. Era como una mala película.

T.B. Joshua, con la sabiduría de Dios, no entró en una sesión de «exorcismo». En su lugar, se aseguró de que el hombre fuera bien atendido y tuviera a alguien con él para que no hiciera ninguna tontería mientras «no estuviera en su sano juicio». A continuación, se dedicó un tiempo a enseñar con delicadeza al grupo del Reino Unido, especialmente a las personas que lo conocían, la diferencia entre manejar una enfermedad mental y una posesión demoníaca. El hombre respondió al amor que se le mostró, lo suficiente como para que se le permitiera subir al avión de regreso a su casa.

Enseñando la Biblia bajo la unción

Las visitas grupales a La SCOAN fueron también momentos de alimento espiritual en el estudio de la Palabra de Dios. Nos sentábamos en las sillas de plástico con nuestras Biblias que abrazábamos con cariño, esperando una sesión de enseñanza.

«El Jesús que conozco», nos decía T.B. Joshua, «es Jesús en el poder del Espíritu Santo». Nos advirtió que no leyéramos la Biblia con ofensas y falta de perdón en nuestros corazones. Nos llevó a un viaje para entenderlo:

Notas de sermón «Portavoz de Dios» de 2003

> El libro de los Hechos no es historia,
> sino el modelo de cómo debe ser la iglesia.

Se podía empezar a comprender, «como a través de un cristal oscuro», cómo la parte «Santa» de la Santa Biblia era un cofre de ricas joyas. No era la Biblia de la historia, de la arquitectura y de las civilizaciones antiguas que se remontan a los albores del tiempo, sino la Biblia de la santidad, del arrepentimiento, de la convicción, del consuelo y del socorro, el Pan de vida, el Agua para los sedientos y un mapa para los perdidos.

Parecía que todos los que querían buscar primero el Reino de Dios y Su justicia devoraban la enseñanza bíblica de T.B. Joshua, apreciando su sencillez y profundidad. Por otro lado, los más interesados en recibir una impartición de poder parecían menos conscientes de su importancia. Las enseñanzas bíblicas venían empaquetadas con citas de tamaño reducido, que se denominaban «citas célebres». Eran como proverbios modernos, por ejemplo:

> La verdadera humildad significa depender totalmente de Dios para todo.

> Con tus palabras, pintas constantemente un cuadro público de tu ser interior.

Muchas de estas citas fueron el resultado de la meditación continua de T.B. Joshua en la Biblia. Los miembros de la iglesia las tomaban muy en serio y siempre aparecían en las notas de los sermones de la iglesia que se entregaban a los visitantes y los que las compraban semanalmente, todas eran atesoradas por los miembros de la iglesia.

La enseñanza era tan instructiva que algunos grupos de visitantes veían los videos de enseñanza bíblica en el comedor y tomaban notas; luego, nos sentábamos todos juntos y las discutíamos. Cada uno decía: «¿Qué has anotado? Déjame mirar para poder ampliar mis notas».

A medida que el número de visitantes internacionales crecía, se organizaban sesiones periódicas de enseñanza bíblica con preguntas y respuestas al final de cada enseñanza. Los visitantes disfrutaban mucho de ellas.

T.B. Joshua explicaba que nuestra relación con Dios podía ser «profunda», «más profunda» o «la más profunda». Muy pronto, el deseo creado por la enseñanza bíblica de tener «más de Dios» fue más importante en comparación a los milagros o a las «confesiones crudas». Después de una visita a La SCOAN, la persona era más consciente del pecado, más humilde, más diligente, menos inclinada al chisme, amaba más la Biblia y anhelaba leerla más. La presencia de Dios en su Santa Palabra era real. Como siempre, la cuestión era mantenerla.

Una nota de sermón reciente

A LAS NACIONES

La primera serie de grandes eventos evangélicos internacionales (con distintos títulos según el país anfitrión) tuvo lugar entre 2005 y 2007, demostró que esta obra de Dios podía atravesar las fronteras nacionales y culturales y seguir siendo esencialmente la misma. Esto puede deberse en gran medida a que T.B. Joshua siguió siendo el mismo, manteniendo la misma devoción a la oración y el mismo compromiso de obedecer a Dios en lugar de complacer a la gente, así estuviera en Lagos o en el extranjero.

A excepción de un evento anterior en Ghana, hemos tenido el privilegio de estar presentes y a menudo formar parte del equipo de avanzada de todos los grandes eventos evangélicos internacionales (cruzadas) con T.B. Joshua.

Botsuana para Cristo

Con alegría en el corazón, viajamos al vasto país de Botsuana, en el sur de África, que posee una población relativamente pequeña, para unirnos al equipo que preparaba el lugar para la llegada de T.B. Joshua a la capital, Gabarone. Volamos a Johannesburgo, condujimos desde Sudáfrica hasta la frontera y nos encontramos con el calor de Gabarone. Alojarse con una familia local

Fiona en Botsuana, marzo de 2005

sin aire acondicionado, con un simple ventilador, fue una buena práctica de preparación hacia nuestros futuros viajes de Emmanuel TV a Pakistán. Allí, el suministro de electricidad se conectaba y desconectaba por una hora, y definitivamente no había aire acondicionado. Conseguimos banderas nacionales en una tienda de aficionados al deporte para satisfacer pedidos de último momento del equipo local. Estábamos con muchas otras personas preparando el evento para el arribo de T.B. Joshua a Botsuana el 7 de marzo de 2005.

Llegada de T.B. Joshua a Botsuana

—Estoy muy emocionada— comentó una señora a su vecina, —T.B. Joshua viene a nuestro país. Sabes que visité La SCOAN el año pasado, y realmente, mi vida ha sido diferente desde entonces.

—¿De dónde has sacado esa bandera nacional de Botsuana?

—Ve y pregúntale a esos británicos; las están regalando.

—¡Espera, ahí está el auto! ¿Es él?

—¡Se está bajando! Está vestido de forma tan sencilla.

—¡Nos está hablando!

—Es hora de decir con nuestra boca lo que creemos en nuestro corazón.

—Estoy aquí para lo que nací, para lo que vivo y para lo que he de morir: para hablarle a la gente de Jesús el Salvador, el Sanador y el Libertador.

No hubo ninguna palabrería, ni términos desperdiciados, solamente la expresión de lo que había en su corazón.

En la primera noche de la cruzada en el estadio nacional de fútbol, T.B. Joshua se dirigió a un joven que tenía que usar muletas para caminar tras un accidente de coche:

—Debes estar preparado para buscar más allá de la sanidad. Busca la salvación. La salvación de tu alma es para lo que estoy aquí.

Mostrando las radiografías de los tornillos colocados en sus huesos y quejándose del dolor, el joven llamado Godfrey gritó en respuesta:

—*Quiero que Jesús me sane completamente.*

—La sanidad no es un fin en sí mismo; es un medio para un fin. Debes estar dispuesto a seguir a Jesús. Cuando te sanes, busca una iglesia viva. Cualquiera puede recibir la bendición, pero no todos pueden mantenerla.

—*Estoy dispuesto a seguir a Jesús después de mi sanidad.*

—No vayas donde Jesús no sea bienvenido.

Entonces el señor Godfrey recibió la oración y la sanidad milagrosa, volviendo al día siguiente para dar testimonio en público y demostrar que no necesitaba sus muletas.

El profeta T.B. Joshua caminó entre la multitud en ese campo de fútbol durante horas, orando por muchos como el señor Godfrey y dando profecías personales precisas a tantos otros.

Sr. Godfrey recibe la sanidad en Botsuana

Luego, a primera hora de la mañana, oró para que lloviera. Botsuana sufría una grave sequía, que afectaba negativamente a su industria agrícola, esencial para la infraestructura de la nación. Mientras ofrecía la oración, de pie en el campo de aquel estadio, nos maravillamos al ver que empezó a llover al instante, una señal divina de los cambios en el clima de la nación que se produjeron rápidamente.

Corea para Cristo

Durante los siguientes años, T.B. Joshua visitaría varios países asiáticos para llevar el Evangelio.

Una serie de visitantes surcoreanos habían hecho el largo viaje a La SCOAN porque habían oído hablar de todo lo que Dios estaba haciendo. Este suceso daría inicio al comienzo de tres eventos significativos en Corea del Sur. El primer lugar fue en el Complejo Deportivo de Anyang, cerca de Seúl.

Era mayo de 2005, y el Profeta T.B. Joshua estaba orando por muchas personas para que fueran sanadas y liberadas. Un ejemplo de la cantidad de milagros fue el de una joven que explicó que se había roto la pierna debido a un accidente y no podía caminar sin muletas. Dijo entre lágrimas: «¡Quiero correr!».

Después de la oración, para que todos la vieran, empezó a correr libremente.

Jovencita recibe sanidad en Corea, 2005

Luego observamos que ella tomó la mano del Profeta con reverencia y la besó. Este tipo de encuentros se repetiría a lo largo de los años; había niños que declaraban «te quiero» al hombre de Dios de forma totalmente imprevista.

Se había corrido la voz de que se encontraba en la ciudad un hombre con un ministerio ungido de sanidad, y un gran número de personas se agolparon en el complejo deportivo en busca de un milagro. Necesitaban escuchar el mensaje. La cruzada se organizó a lo largo de cuatro días y, guiado por el Espíritu Santo, el Profeta T.B. Joshua predicó mensajes que abordaban algunas cuestiones críticas para recibir la sanidad divina.

Cruzada Corea por Cristo en 2005

En el primer mensaje, *Tu papel parte 1*, dejó claro que recibir la sanidad o la redención no depende solamente de Dios; nosotros también tenemos un papel que desempeñar, que es creer. En la segunda parte de este mensaje, subrayó: «Yo no soy el sanador, no tengo poder propio. No soy Dios; soy Su siervo. Solamente puedo ir a donde Dios quiere que vaya».

A LAS NACIONES

El tercer mensaje fue sobre el pecado, *Tu Verdadero Enemigo*. «Tu enemigo, satanás, no puede gobernarte, controlarte o darte ordenes sin el pecado. Por lo tanto, el pecado es tu enemigo real». El mensaje final fue de aliento, enfatizando de que Dios es bueno todo el tiempo. Enseñando a partir de la vida de Job, animó a la multitud: «Tanto si recibes sanidad como si no, tanto si el Profeta T.B. Joshua los atiende como si no, permanezcan fieles a Jesús, porque la sanidad es para la salvación de su alma».

Conferencia de Pastores de 2005 en Corea con T.B. Joshua

Tras la cruzada, se celebró una Conferencia de Pastores en un centro de retiros de una montaña de oración, a las afueras de la ciudad. Cuando T.B. Joshua oró por los pastores para impartirles, se transformó en una reunión de avivamiento muy poderosa, los pastores caían y eran sobrecogidos de alegría sin siquiera ser tocados. Los camarógrafos de La SCOAN no se libraron de la unción, luchaban por mantenerse en pie mientras eran «zarandeados» por el Espíritu Santo. El Espíritu Santo estaba actuando; como siempre, la cuestión para todos los afectados era mantener la presencia de Dios posteriormente al encuentro.

AUSTRALIA PARA CRISTO

Diputado recibe a los visitantes de la Cruzada Australia para Cristo con T.B. Joshua en 2006

La cruzada «Australia para Cristo» fue un evento al aire libre celebrado en el Parque Deportivo Internacional de Blacktown, en Sidney, los días

24 y 25 de marzo de 2006. El alcalde local y un miembro del Parlamento dieron la bienvenida oficial. El ministro cristiano que presentó a T.B. Joshua fue el respetado evangelista anciano Bill Subritzky, de Nueva Zelanda. Había visitado La Sinagoga, Iglesia de Todas las Naciones con un grupo de pastores. A su regreso, dio testimonio de lo que Dios estaba haciendo a través de T.B. Joshua y promovió los videos de milagros. Era muy consciente de las controversias y de la persecución que rodeaban al ministerio. En la noche de la inauguración, atestiguó cómo Dios estaba usando poderosamente a T.B. Joshua, terminando su introducción con las palabras: «¡Alabado sea Dios por este ministerio!».

Además de los notables casos de sanidad, liberación y profecía, otra característica notable del evento principal fue el llamado al Altar, una respuesta al mensaje de salvación, que fue dirigido conjuntamente por Bill Subritzky y T.B. Joshua.

T.B. Joshua y Bill Subritzky durante el llamado al altar

Para un hombre en particular, su vida comenzó a cambiar cuando el Profeta T.B. Joshua se dirigió directamente a él en el campo de deportes y comenzó a profetizar. Le dijo que veía que era un drogadicto y que su hijo volvería a su vida. El hombre se aferró a esa profecía hasta que finalmente se cumplió. En 2016, recibió un llamado a su puerta, y el hijo al que no había visto durante 21 años estaba de pie frente a él. A continuación se produjo un increíble reencuentro que hizo que su hijo comenzara a vivir en su casa. En 2017, visitó La SCOAN para confirmar la profecía y dar testimonio de cómo había cambiado su vida.

Después del evento principal al aire libre, hubo otras dos reuniones significativas. La primera fue una Conferencia de Pastores celebrada en Bowman Hall, Blacktown, completamente llena de gente; había muchas personas que querían asistir. La conferencia comenzó con algunos testimonios de la cruzada, entre ellos el de una señora que se había levantado de su silla de ruedas y que se presentó bellamente vestida con zapatos de tacón. Testificó con alegría su sanidad de la osteoporosis y de la artritis reumatoide.

T.B. Joshua predicó un sermón titulado *Esta clase de creencia* (tomado de Marcos 9:29), en el que explicó que hay diferentes niveles de creencia y, por lo tanto, diferentes niveles de cumplimiento de la promesa de que «todo es posible para el que cree» (Marcos 9:23). Subrayó que lo que limita nuestra capacidad de creer está en el interior, no en el exterior; así es que tenemos que reajustar nuestra creencia. ¿Cómo? Siguiendo las instrucciones del libro de Josué 1:8, de mantener la Palabra de Dios en nuestros labios, meditar en ella día y noche, y luego hacer lo que dice.

Tras el sermón y un tiempo de oración para la santificación, comenzó a profetizar. La primera profecía fue para una mujer con «espíritu de serpiente». Inmediatamente, una joven blanca se adelantó y, con voz trémula, explicó con su característico acento australiano que se había unido a una secta cuando era adolescente en la que comían serpientes muertas crudas para que entrara el espíritu de la serpiente. A continuación, se oró por la liberación y se dio un alegre testimonio de libertad.

La segunda reunión adicional fue para hombres de negocios. La predicación de T.B. Joshua no se anduvo con rodeos y fue en muchos sentidos una advertencia profética para el mundo occidental. Recordó a todos que la muerte iba a llegar, y que no sabían cuándo, por lo que debían estar preparados. Debían dar a Dios lo mejor de su tiempo, no apresurarse a salir de la iglesia y no poner límites de tiempo a Dios.

A lo largo de la historia, han habido relatos de siervos de Dios en los que el simple hecho de estar cerca de ellos, o de objetos que han manipulado recientemente, provocaron algunas reacciones sorprendentes. Después de la cruzada en Australia, T.B. Joshua acompañó al equipo a comer en un restaurante de Sydney. Después de haber comido brevemente y haber salido del restaurante, algunos del equipo que se quedaron fueron testigos de esta inusual escena. La camarera que vino a recoger la mesa tomó el plato en el que él había estado comiendo; al instante, lo dejó caer, empezó a temblar y a comportarse de forma anormal, aparentemente manifestando un espíritu maligno. Al recuperarse, preguntó: «¿Quién es ese hombre?».

Campaña Nacional de Sanidad, Singapur

Debido a las normas locales que reflejan la diversidad religiosa de Singapur, el título de «cruzada» tenía que ser más neutral, por lo que los organizadores locales la denominaron la Campaña Nacional de Sanidad. Fue una campaña importante, con no menos de siete reuniones públicas

Anuncio en el metro de Singapur para la campaña nacional de sanidad

durante el periodo comprendido entre el 26 de noviembre y el 3 de diciembre de 2006. Se trató de un servicio de apertura en una de las iglesias anfitrionas, dos noches de «cruzada» en el estadio nacional cubierto, una reunión de pastores y líderes, una cena y un almuerzo de empresarios, y una reunión de jóvenes. A continuación, se realizó una memorable visita de T.B. Joshua a la cárcel, donde, vestido con el uniforme de la prisión, compartió con los presos y oró por ellos.

En la segunda noche en el estadio cubierto, T.B. Joshua no acudió al servicio cuando los pastores organizadores lo esperaban. Parecían preocupados y empezaron a llenar el tiempo subiendo al escenario a diferentes pastores locales para que hablaran de su trabajo. Nos mirábamos entre nosotros, mirábamos nuestros relojes muchas veces y nos preguntábamos qué estaba sucediendo. ¿Estaba esta tardanza relacionada de algún modo con la conocida tendencia cultural de la «hora africana»? Pero al otro lado de esta situación, el Profeta T.B. Joshua se encontraba a punto de salir de su alojamiento «a tiempo», cuando, con la mano en la puerta para salir, el Espíritu Santo le habló a su corazón para que esperara.

Tiempo de adoración durante la campaña nacional de sanidad con T.B. Joshua

Cuando finalmente llegó, dio un conciso y poderoso mensaje

evangelístico explicando que la única solución permanente a nuestros problemas estaba en el perdón de los pecados mediante la fe en Cristo. Luego prescindió del programa «normal» y pasó directamente a un tiempo de «Oración Masiva», inicialmente para la liberación de los espíritus malignos y luego para la sanidad. Se relató sobre este acontecimiento cuando vimos «los Evangelios en acción» al principio de la escritura de este libro. Mientras todo el estadio repetía el nombre de Jesús al unísono, la autoridad y el poder de Dios eran sobrecogedores. No lo habíamos presenciado antes, ni siquiera en los servicios de La SCOAN en Lagos. Como se ha mencionado anteriormente, vimos la unción de Dios traer sanidad y liberación a muchos cuando reprodujimos el video de esta oración masiva, años más tarde, ante multitudes en Pakistán y otros lugares.

Oración Masiva en Singapur

¿Qué habría pasado si T.B. Joshua no hubiera hecho caso a la insinuación del Espíritu Santo y hubiera llegado «a tiempo»? ¿Quién sabe? Pero una cosa es segura, si él no hubiera tenido el «espíritu libre» y la «paz de corazón» que viene de obedecer solamente a Dios, no hay manera de que se pudiese presenciar esos eventos, ni que esas multitudes hubieran recibido liberación y sanidad de la forma y en el tiempo señalado por Dios.

Esa no fue la única «prueba de fe» que se puso de manifiesto durante la campaña en Singapur. También hubo varios casos de quienes buscaban la sanidad de problemas importantes que tuvieron que aguardar y mostrar su disposición a ir más de una vez. En una ocasión, tras el almuerzo de empresarios, la gente no esperaba necesariamente que hubiera una línea de oración, luego T.B. Joshua lo explicaría claramente. Había terminado el mensaje sobre «El propósito de la bendición» y comenzó a orar por los que buscaban sanidad. Esto es lo que apuntamos de lo que expresó:

> Para muchos de nosotros, no es la imposición de manos lo que necesitamos, sino la instrucción sobre qué hacer. Obedezcan la Palabra, y su caso será resuelto.

> Si la sanidad no es para ti ahora, no oraré por ti. Yo no practico la oración. Tu sanidad puede ser mañana, y puede ser otra persona la que ore por ti. No son todos los que están aquí a los que soy envíado.

Refiriéndose a una señora que estaba presente allí en una silla de ruedas, dijo:

> Ayer estuve con ella durante algún tiempo, y no podía caminar. El Espíritu de Dios dijo: «Invítala mañana».

Entonces vimos como T.B. Joshua oró por ella, y al instante se levantó de la silla de ruedas y caminó. Continuó diciendo:

> Invité a tres personas, pero solamente veo a ésta aquí. Un hombre, su milagro es ahora, pero no está aquí. Cuando Eliseo dijo: «Ve al Jordán siete veces», no dijo una. Cuando Jesús dijo: «Ve y lávate en el estanque», no fue porque no tuviera el poder; fue para probar la fe del hombre. Sea cual sea el problema que tengas, debes esperar pruebas de fe.

Esto era típico de tantos sermones improvisados que hemos escuchado de él durante el ministerio, otro ejemplo de «cristianismo práctico».

INDONESIA

T.B. Joshua en Yakarta, 2007

La Cruzada en Indonesia con el Profeta T.B. Joshua tuvo lugar en Yakarta y Surabaya a finales de septiembre de 2007.

Hubo mucho debate y controversia sobre la ida de T.B. Joshua a Indonesia. La primera noche, en Yakarta, en el estadio cubierto, abordó la controversia directamente y predicó sobre Nicodemo a partir de Juan 3:1–12,

> Muchas personas desarrollan odio o amor hacia una persona en particular por lo que escuchan, lo que leen o lo que ven. Nicodemo nunca hizo esto. No era el tipo de persona que se dejaba influir por lo que la gente decía. Siendo un hombre de principios, decidió venir a Jesús para confirmarlo. No se sentó en algún lugar

escuchando esto o aquello ni llegó a una conclusión apresurada.

Más tarde, durante esa primera reunión, hubo una liberación particularmente dramática mientras T.B. Joshua se movía a lo largo de la línea de oración para orar por cientos de personas. Un hombre, que parecía bastante normal por fuera, cayó instantáneamente hacia atrás y comenzó a temblar cuando T.B. Joshua lo tocó. Entonces pareció entrar en algún tipo de trance, y de su boca salieron las palabras, no en su propio idioma sino en inglés: «Soy Belcebú, un siervo de Lucifer». En un momento dado, señaló con el dedo al hombre de Dios, diciendo: «Te conozco. Estoy enfadado contigo». Tras unas palabras jactanciosas pronunciadas por el demonio que estaba dentro del hombre, queriendo luchar contra el siervo de Dios, T.B. Joshua pidió a un joven que estaba cerca que orara por el hombre, quien retrocedió ante la oración. Así demostró T.B. Joshua que el poder no era suyo sino que pertenecía a Jesús. El hombre regresó con toda su familia para el posterior evento de Líderes y compartió públicamente su testimonio en su propio idioma, agradeciendo a Jesús Su amor al acordarse de él y liberarlo.

Después de la cruzada, T.B. Joshua visitó la Casa del Amor, un hogar de caridad establecido para atender a personas sin hogar y rechazadas, en Surabaya. Aquí compartió el amor de Cristo y donó 10.000 dólares a los fundadores de la organización benéfica para apoyar su trabajo.

Fuego en la consola

Después de la cruzada en Indonesia, de regreso en La SCOAN, una noche se oyó el crepitar del fuego. Los evangelistas, que dormían después de un ajetreado día de servicio, recibieron una llamada: «¡Despierten, la consola con todo el equipo tan vital para Emmanuel TV está ardiendo! Confiemos en que no se extienda el fuego al techo de la iglesia. Rápido, corran, cada momento es valioso». Los visitantes que permanecían en la iglesia fueron trasladados a un lugar seguro, y la tensión iba en aumento.

Un evangelista relataría muchos años después en un sermón dominical que, con el corazón turbado, empezó a ayudar a traer cubos de agua cuando observó que alguien detrás de él parecía imperturbable. Afligido, se dio vuelta y se encontró mirando directamente a los tranquilos ojos de T.B. Joshua, quien le preguntó: «¿Cómo estás?».

T.B. Joshua no fluctuaba con las vicisitudes de la vida. Él ejemplificaba que la «paz que sobrepasa el entendimiento» de la que habla la Biblia no está relacionada con la ausencia de problemas, sino con la seguridad de que Dios nos acompañará hasta el final.

De hecho, a medida que avanzaba la noche, el tejado de la iglesia no sufrió daños, nadie resultó herido y, aunque Emmanuel TV tuvo que dejar de emitirse durante tres meses, finalmente se sustituyó el equipo y se construyó una consola nueva y mejor.

Poco después del incidente, T.B. Joshua reflexionó públicamente:

«Cuando ocurrió el reciente incidente del incendio en La Sinagoga, como hombre de fe perseverante, supe que Satanás solamente estaba tratando de provocarme para que me rebelara contra mi Padre Celestial. Poco sabía que Dios utiliza la aflicción de los santos para promover su productividad». (Génesis 41:52; Jeremías 17:7–8)

Reanudación de los eventos internacionales

Después de un intervalo de años, en los que se desarrollaron los grandes servicios dominicales de La SCOAN con un fuerte sabor internacional y el continuo crecimiento de Emmanuel TV, ¡había llegado el momento! Era el año 2014, y T.B. Joshua escuchó el «sí» de Dios para viajar nuevamente. Comenzarían las cuestiones técnicas. Después de todo el entrenamiento y la experiencia en la grabación y en la transmisión en vivo de los servicios dominicales, ¿podría el equipo (con la asistencia técnica local adecuada) manejar la transmisión en vivo de los eventos internacionales en todo el mundo, especialmente los próximos eventos en estadios al aire libre?

Fue a principios de 2014; al llegar a La SCOAN a altas horas de la noche, habiendo ayudado con algunos pedidos de equipos de cámara,

A LAS NACIONES

se oyó que alguien llamaba a la puerta de la habitación. Frotándonos los ojos, vimos a un evangelista sonriendo diciendo: «¡Baba, Mama, bienvenidos! (los padres mayores siempre son conocidos como Baba y Mama en la cultura africana) T.B. Joshua quiere que conozcan a unos pastores que están a punto de viajar».

Rápidamente nos preparamos y saludamos a los dos pastores de Colombia, sin darnos cuenta de que en pocos meses el largo intervalo entre el evento de Indonesia en 2007 y el próximo evento estaba llegando a su fin, y el gran evento de Cali, Colombia, se acercaba.

Unos días después, se produjo otra llamada. «Mama, Baba, suban». Fuimos y nos dijeron: «Hay una fecha provisional prevista para que el hombre de Dios esté en Corea del Sur para una conferencia de pastores». El evangelista sostenía un calendario, vimos la fecha marcada con un círculo y nos quedamos boquiabiertos. Solo faltaba una semana.

Los caminos de Dios son misteriosos. Pensamos que habíamos ido a Lagos, por sugerencia nuestra, para garantizar la entrega segura de algunas cámaras, pero Dios tenía otras ideas. Esa noche partimos para volar a Corea como parte de un equipo de avance en los preparativos.

Tras dos vuelos nocturnos, el equipo llegó a Corea y se puso a trabajar directamente: ¡faltaban seis días para la Conferencia de Pastores! Desenvolviendo nuestras tradicionales colchonetas coreanas en la zona de invitados de una iglesia amiga, dimos gracias a Dios por la oportunidad de formar parte de esta aventura de fe. Mientras los demás miembros del equipo investigaban posibles lugares de oración para T.B. Joshua (Montañas de Oración), nosotros estábamos trabajando con nuestros anfitriones para encontrar un lugar donde el equipo pudiera alojarse. Algo inseguros de las distintas opciones que se ofrecían y sabiendo que todo el equipo debía estar junto, informamos del reto a T.B. Joshua. Por este motivo recibimos su instrucción de que el equipo tendría que centrarse por completo en el trabajo, incluida la transmisión en directo en Emmanuel TV y deberíamos buscar un alojamiento adecuado en un hotel. El ministerio pagaría; no sería ninguna carga para los anfitriones.

Ese rápido intercambio marcó la pauta de la financiación de los siguientes cinco años de cruzadas, en los que el ministerio pagaría la mayor parte de los costos asociados a un evento en un estadio y todos los gastos de viaje y hotel del equipo. Y lo que es más importante, el ministerio no cobraría ninguna ofrenda. Los organizadores recogerían una ofrenda para su parte de los gastos (antes de que el equipo de La SCOAN subiera al escenario), pero T.B. Joshua no intervendría en el dinero de la gente cuando acudiera por sanidad.

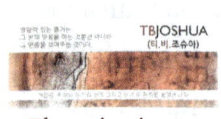

«El espejo» impreso en coreano

Además, a partir de ese momento, no se venderían libros ni DVDs en los eventos del estadio; todos se regalaban. La producción e impresión en diferentes idiomas del libro de estudio de T.B. Joshua sobre los héroes de la fe en la Biblia, *El Espejo*, se convirtió en una parte habitual de la preparación de las cruzadas. Lo mismo ocurrió con su folleto sobre cómo recibir y mantener la sanidad de Dios, *El Paso Entre Tú y La Cura*.

T.B. Joshua escribió muy poco libros. Él mismo era una carta viva, como dice 2 Corintios 3: 2,

Vosotros mismos sois nuestra carta, escrita en nuestros corazones, conocida y leída por todos.

Los únicos otros libros publicados por La SCOAN han sido *Daily Time With God*, una colección de citas, y *Lo Que El Futuro Depara (I y II)*, que son diarios de algunas de las profecías internacionales dadas por el Profeta T.B. Joshua a lo largo de los años.

Transmisión en vivo en Emmanuel TV

Una de las razones prácticas por las que la Conferencia de Pastores de Corea de 2014 se pudo finalizar con tan poca antelación fue que se celebró en un edificio de una iglesia bien equipado, con gran parte de la infraestructura técnica ya instalada. Por ejemplo, la iglesia ya tenía experiencia en la transmisión en directo por Internet, por lo que la infraestructura para ello ya estaba preparada. Gary retoma la historia:

Poco antes del evento, llegó el mensaje de T.B. Joshua de que la conferencia

A LAS NACIONES

debía ser transmitida en directo por Emmanuel TV. En una prueba previa al servicio, el centro de transmisión de Emmanuel TV (en ese momento en Sudáfrica) simplemente se conectó al flujo de Internet de la iglesia, y todo funcionó bien. Sin embargo, poco después de comenzar la conferencia, la red colapsó. Descubrimos que los arreglos existentes tenían una capacidad algo limitada, que no podían soportar el número adicional que intentaba unirse al flujo de internet de la iglesia local para ver la conferencia.

Necesitábamos una solución inmediata. La transmisión se realizaba a través de una empresa externa que no respondía. Conseguí conectar mi portátil a la red pública de Internet y configurar un nuevo flujo para conectar directamente con el centro de transmisión de Emmanuel TV, pero los cables y convertidores necesarios para llevar el video en directo al portátil no estaban disponibles. Entonces recordé que podía conectar mi cámara de video doméstica al portátil, así que la atamos a un trípode con cinta adhesiva y la apuntamos al «monitor de programa» de la sala de control.

Solución exitosa de «Heath Robinson» para un problema de transmisión en vivo

En Sudáfrica, el equipo técnico de Emmanuel TV aguantaba la respiración. ¿Funcionaría la solución casera? Sí, funcionó. Por fin, el equipo pudo informar de que el primer evento internacional fuera de Nigeria en siete años con T.B. Joshua se estaba emitiendo en directo tanto en los canales africanos por satélite como en Internet. Sí, la calidad del video dejaba un poco que desear, pero el verdadero objetivo del evento —la oración y la enseñanza ungidas— estaba llegando a la audiencia internacional.

En futuros eventos, se convertiría en una parte esencial la planificación técnica, y la transmisión en directo con calidad de alta definición, esto se convirtió en una norma.

Los peligros del dinero

Conferencia de Pastores en Corea del Sur con T.B. Joshua, 2014

La entrada a todos los eventos internacionales había sido gratuita, en la Conferencia de Pastores de Corea del Sur la entrada era libre, pero el equipo descubrió que a los «donantes asociados» que apoyaban a los organizadores hasta cierto nivel, se les ofrecía un asiento en una sección más cercana a la parte delantera, donde se esperaba que el Profeta T.B. Joshua orara por la gente. Pero el Espíritu Santo que se mueve libremente cambió esa organización, y cuando llegó el momento de la oración individual, ¡la ministración comenzó con personas sentadas en el balcón!

En esa Conferencia de Pastores, T.B. Joshua habló abierta y francamente sobre el tema del dinero y explicó por qué había dejado de viajar internacionalmente durante un tiempo, (ciertamente no fue por falta de invitaciones):

> La sanidad, la liberación, la profecía y todas las bendiciones de Dios se ven obstaculizadas por el dinero. No es posible sanar a la gente y cobrar dinero. Cuando es tiempo de sanidad, es tiempo de dar lo que Dios nos ha dado.
>
> Cuando es tiempo de avivamiento o cruzada, es tiempo de escuchar la voluntad de Dios. Si es la voluntad de Dios para el avivamiento, qué usar, qué dinero para gastar, el Señor lo proveerá de una manera grande —no a través de los enfermos o de la gente que asiste—, Dios lo proveerá de una manera maravillosa. Le pedí a Dios que antes de empezar a moverme por el avivamiento, quería que Él elevara mi nivel financiero.[15]

Luego amplió esto durante un sermón en la iglesia de Lagos en 2017:

> En todas estas cruzadas que me ven haciendo por todo el mundo, como en Singapur, Indonesia, México, Perú, etc., yo pago la mayor parte del dinero. No controlamos al Espíritu Santo. Cuando estoy

---
15 Conferencia de pastores con T.B. Joshua, Iglesia de Shingil, Seúl, 2–3 de abril de 2014

A LAS NACIONES

allí, quiero ser libre. Quiero dormir a la hora que el Espíritu quiera que duerma. Quiero orar por quien el Espíritu Santo quiera que ore.

Si pagas el estadio por mí, colectarás dinero de grandes empresarios que estén enfermos y ellos serán los que coloques al frente, diciéndome: «Ora por éste, hombre de Dios, es el que ha pagado el setenta por ciento del dinero». Dios no puede apoyar tal arreglo. Me dices que salga a las 8 de la mañana cuando el Espíritu de Dios me ha dicho que salga a las 10. Entonces, yo pago el estadio.

Mi gozo es ver a las personas sanadas; mi gozo es ver a las personas liberadas; mi gozo es ver a las personas bendecidas. Ese es mi dinero. Cada persona que es liberada es más de 20.000 dólares para mí. Eso es el dinero que Dios me da, el gozo de dormir en paz.[16]

A lo largo de los años, hemos visto claramente este principio en funcionamiento y hemos experimentado sus bendiciones, que superan con creces cualquier desafío.

CALI, COLOMBIA

Llegamos a julio de 2014, y a la Cruzada de Milagros con T.B. Joshua en Cali, Colombia. Pasamos dos meses en Colombia en la preparación de este evento, que iba a ser de una escala nueva para todos nosotros. Se trataba de ver el Estadio Olímpico de Fútbol de la ciudad lleno hasta su capacidad de más de 40.000 personas durante las dos noches.

Casi 20 años antes, los cristianos devotos a la oración habían llenado el mismo estadio, tras el martirio de un destacado pastor de la ciudad, que había provocado un renacimiento de la fe. Pero, como explicaron los pastores locales, los fuegos del avivamiento habían disminuído desde entonces con el tiempo, y el evento era muy esperado. Los creyentes

Cruzada de Milagros con T.B. Joshua en el Estadio Olímpico, Cali, Colombia

---
16 ¡*El secreto de mi 'dinero'*! Publicación en Facebook de TB Joshua Ministries, 3 de mayo de 2017

planeaban traer a los que estaban fuera de la iglesia y necesitaban escuchar el Evangelio predicado con poder.

Durante el sermón de la segunda noche de la cruzada, el profeta T.B. Joshua abordó específicamente el estado de la iglesia:

> Que alguien hable, predique y enseñe sobre la Palabra y el Espíritu por separado, es bíblicamente incorrecto. No podemos seguir así porque estamos haciendo impopular a Jesucristo.
>
> El futuro de la iglesia depende de que aprendamos unos de otros. Yo te necesito; tú me necesitas. Yo necesito tu teología; tú necesitas mi poder. Yo necesito tu poder; tú necesitas mi teología.
>
> Como no hay unión entre la Palabra y el Espíritu, esta iglesia es conocida por predicar y enseñar la Palabra de Dios, mientras que la otra iglesia es conocida por los milagros, las señales y los prodigios. Esto no debería ser así.
>
> Oro a Dios todos los días para ver cuándo dejaremos de pelear, envidiar y tener celos unos de otros.[17]

Vimos que muchas iglesias se unieron para apoyar la cruzada. El presidente de la Confederación Evangélica de Colombia (Cedecol), que representa a la mayoría de las iglesias evangélicas de Colombia, asistió y habló muy positivamente de la Palabra de Dios y de los milagros que se unen en el ministerio del Profeta T.B. Joshua.

Hubo decenas de sanidades y cientos de liberaciones, y el nombre de Jesús fue levantado en alto. El difunto evangelista C.S. Upthegrove, que había trabajado con muchos de los evangelistas de sanidad más destacados de Estados Unidos en la década de 1950, asistió a la cruzada, con una edad que rondaba los 80 años. Se mostró emocionado por haber visto a

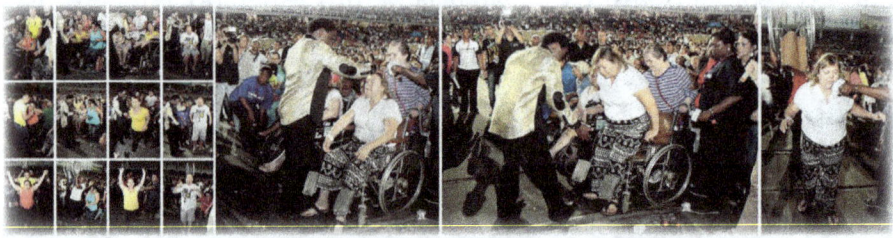

Sanidades en la línea de oración en Cali, Colombia

---

17 *El Precio de la Fe Parte 2*, Cruzada de Milagros con TB Joshua, Cali, Colombia, 12 de julio de 2014

Dios actuar de nuevo con tanta fuerza en la sanidad y en los milagros.

Una de las muchas sanidades notables de la cruzada tuvo lugar después de la oración masiva, mientras la multitud cantaba:«Hay poder en el nombre de Jesús». Mientras el poder de Dios recorría el estadio, los pies

Oración Masiva en Cali, Colombia

de una niña, torcidos desde su nacimiento, se enderezaron milagrosamente. Cuando le quitaron los aparatos, empezó a saltar y a correr, y la alegría contagiosa que iluminaba su rostro transmitía un mensaje que iba más allá de la expresión de las palabras.

Entre los eventos adicionales en Cali, una ciudad que sabía lo que era experimentar la violencia, había una importante actividad benéfica. Se invitó a varios centenares de familias, a las que se les proporcionó el transporte, para

T.B. Joshua en el evento de caridad en Cali, Colombia

que recibieran comida caliente y entretenimiento, una revisión médica profesional para los niños y una gran bolsa de alimentos.

Reunión de la policía con T.B. Joshua en Cali, Colombia

La Policía Metropolitana de Cali también organizó un evento en el que entregó a T.B. Joshua un premio honorífico y su propia gorra de policía. T.B. Joshua realizó una generosa donación de 100.000 dólares al fondo social para los huérfanos, las viudas o los heridos en acto de servicio y compartió un mensaje de agradecimiento por la labor de la policía: «Ustedes previenen el crimen en la sociedad en lo natural. Nosotros prevenimos la delincuencia en el espíritu. Hacemos el mismo trabajo. Los saludo».

Cruzada en México

La Cruzada de Milagros con el Profeta T.B. Joshua en la Ciudad de México en julio de 2015 fue en sí misma un fenómeno. ¿Cómo fue que el estadio de fútbol más grande de América Latina se llenó para un evento cristiano gratuito por primera vez en su historia? El arduo trabajo de los organizadores locales, viajando a lo largo y a lo ancho de México, vislumbrando y animando a diferentes iglesias jugó un papel importante, así como la producción y distribución de miles de DVDs gratuitos. Sin embargo, al final, esto fue una obra soberana de Dios.

Antes del evento, el equipo, incluidos los camarógrafos, se sentaron en los asientos más altos para una reunión de planificación; no pudimos evitar sentir algunas «punzadas» de ansiedad. Estaba tan alto, ¿qué pasaría durante la oración cuando la gente reaccionara? «Dios está con nosotros», nos animamos, «Él nos protegerá», y así fue.

Cruzada de Milagros en México con el Profeta T.B. Joshua, 2015

El emblemático estadio Azteca, con capacidad para 100.000 personas, estaba bastante lleno la segunda noche de la cruzada. La lluvia fue intensa en la primera noche pero, completamente imperturbable, T.B. Joshua continuó orando durante horas, y los milagros ocurrieron. Fiona y otros socios de Emmanuel TV estaban en las puertas repartiendo los DVDs gratuitos de la Cruzada de Colombia, mientras la lluvia disminuía y la multitud empezaba a marcharse. La segunda noche se libró del aguacero y fue inolvidable. La obra de Dios aumentó y los testimonios fueron casi incontables.

La multitud también recibió una sorpresa, algunas participaciones musicales para elevar su fe llegaron por parte de conocidos artistas gospel de Estados Unidos: CeCe Winans, Alvin Slaughter y Vashawn Mitchell.

La aptitud para el trabajo físico era un requisito debido a los requerimientos de esfuerzo que los evangelistas y el equipo de ayudantes realizaban, por ejem-

Oración bajo la lluvia en la primera noche

plo trasladar los elementos del estadio y guardar los restantes en el hotel al final de la cruzada. Todos recordamos haber corrido de un lado a otro dirigiendo y haciendo llegar los camiones al lugar correcto para recoger los recursos. Al finalizar las tareas, el equipo ingresaba a sus habitaciones pasadas las 4 de la mañana, pero «el gozo del Señor era nuestra fuerza» (Nehemías 8:10).

La cruzada y la gran Conferencia de Pastores que le siguió tuvieron un impacto tremendo. Un equipo de La SCOAN se quedó durante varias semanas para grabar los testimonios de seguimiento y editar la gran cantidad de material de video. Incluso nos trasladamos personalmente a vivir a México durante más de un año para ayudar en el seguimiento, especialmente en el trabajo de caridad. T.B. Joshua ayudó a crear una *asociación civil* local de apoyo para la ejecución de estos cometidos.

El propio T.B. Joshua podría haber pasado más tiempo en México, pero como explicó en un mensaje que dio en la iglesia de Lagos en 2017, su llamado de Dios era volver a África:

Oración Masiva en México

Iré a los avivamientos, y en los avivamientos, siempre verás el estadio lleno. El país, los ministros, todos se reúnen. Pero no me dejo llevar por eso; después de la cruzada, de vuelta a casa. Regreso a África, en donde me persiguen, donde quieren que me maten, que me destruyan. Vivo donde no se me celebra; dejé el lugar donde se me celebra.

Cuando estás en medio de la batalla, te construyes a ti mismo; es bueno. Donde no te celebran, donde te persiguen, es el mejor lugar para vivir. Te construirá. El oro no puede ser oro sin pasar por el horno. El carácter humano también necesita pasar por el horno.[18]

Cruzada con T.B. Joshua en Perú

Tras una dinámica segunda cruzada en Corea del Sur, celebrada en el Gocheok Sky Dome de Seúl los días 22 y 23 de julio de 2016, T.B. Joshua volvió a América Latina para otra cruzada de milagros. Sería en el estadio de fútbol más grande de Sudamérica, el Estadio Monumental de Lima, Perú, en septiembre de 2016.

La característica más memorable para nosotros fue la sincronización en el tiempo al límite. Hubo un retraso administrativo con los visados para el equipo de Emmanuel TV que venía de Lagos. Desde el punto de vista de la planificación logística, las decisiones para confirmar la cruzada se dejaron para el último momento posible. Pero esos plazos «finales» pasaron sin que se resolvieran definitivamente los retrasos de los visados, y solamente Dios pudo permitir que la cruzada siguiera adelante. El evento se confirmó apenas dos semanas antes de la fecha

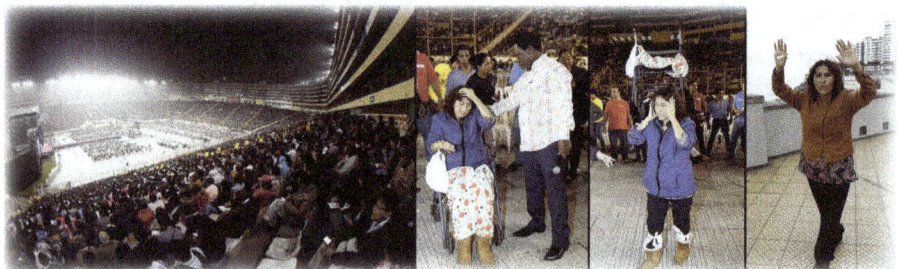

Cruzada en el Estadio Monumental, Lima, Perú

prevista, y el equipo completo de planificación y organización de La SCOAN llegó once días antes de la primera noche. Desde un punto de

---

18 *'No destruyas tus relaciones más allá de la reparación',* Sermón de T.B. Joshua, Servicio Dominical de La SCOAN, 30 de abril de 2017

A LAS NACIONES

vista natural, simplemente no había tiempo suficiente para reunir las «piezas del rompecabezas» necesarias para que se llevara a cabo, pero Dios había dicho «ve» a Su siervo, y eso era lo único que importaba.

Esto nos recordó con fuerza que existen beneficios reales en tener trabajos que son «imposibles». Debemos hacer lo mejor que podamos, pero finalmente, tiene que ser Dios el único que puede llevarse la gloria.

La cruzada en sí no mostró signos de estas tensiones; Dios tenía el control. Desde los permisos legales obtenidos en un tiempo récord hasta los 300 baguettes de jamón y queso que nuestro equipo de socios de Emmanuel TV tuvo que organizar prácticamente sin previo aviso (para las patrullas de la Policía que trabajaban con las multitudes), pasando por los milagros de sanidad y liberación: necesitamos a Dios para todo.

Un momento memorable fue cuando el Profeta T.B. Joshua dejó de orar por la gente y se sentó porque había riesgo de que la multitud se lastimara. Dijo que no se movería hasta que la gente volviera a sus asientos, cosa que hicieron debidamente.

T.B. Joshua espera a que la multitud se calme

Cruzadas en Paraguay y República Dominicana

Paraguay es un país sudamericano pequeño, y su estadio nacional acogió la Cruzada con T.B. Joshua en agosto de 2017. El Parlamento Nacional de Paraguay le otorgó el más alto honor de la nación en reconocimiento a su labor evangélica y humanitaria. También hubieron testimonios notables de la cruzada, incluyendo una importante liberación de alguien que ni siquiera estaba presente pero cuya hermana llevó una fotografía para orar.

Para el «equipo de apoyo», uno de los retos fue que no había ningún proveedor adecuado en todo Paraguay para el suelo protector temporal necesario para cubrir el campo de fútbol para este tipo de eventos. Al fin se consiguió el suelo en un país vecino, pero llegó con retraso debido a problemas aduaneros y logísticos.

Instalación de la cubierta temporal del terreno de juego para la Cruzada en Paraguay

Todo el equipo de La SCOAN (evangelistas, camarógrafos, protocolo, etc., y los socios de Emmanuel TV que se habían ofrecido a ayudar) personalmente colocaron y luego retiraron los miles de trozos del suelo temporal en el campo. En el campo del estadio se veía a la gente que literalmente se arrastraba de rodillas pegando el suelo con cinta adhesiva doméstica, una experiencia surrealista.

Entre el primer y el segundo día de la cruzada, fuertes tormentas amenazaron toda la instalación técnica, y la pancarta del escenario se rasgó bajo los fuertes vientos. T.B. Joshua declaró a todo el estadio que «la lluvia es una sierva de Dios, y nosotros también somos siervos de Dios; la lluvia no puede obstaculizarnos». Explicó cómo había «negociado con la lluvia» en oración, pidiendo que amainara durante las horas del evento para que el equipo técnico estuviera a salvo y se pudiera continuar con el segundo día.

La lluvia hizo una pausa hasta después de la oración masiva, pero luego llegó a raudales, y hacía frío. Atendiendo a las personas con testimonios que llegaban a las salas de entrevistas tiritando con finas camisetas de algodón, les dimos cálidos abrazos, así como comida y refugio.

Apenas tres meses después, en noviembre de 2017, se realizó la Cruzada de República Dominicana celebrada en el Estadio Olímpico de la capital, Santo Domingo.

¡Qué evento tan hermoso! Qué unidad entre las iglesias. Como parte

A LAS NACIONES

Cruzada en la República Dominicana con T.B. Joshua, 2017

del equipo técnico, llegamos temprano y pudimos ver esto en acción. Los coros que ensayaban sonaban celestiales, y en todas partes se respiraba esa voluntad. Un cálido espíritu de equipo, más allá de las culturas, los colores y los orígenes, era evidente en los creyentes locales. La preocupación era suponer que toda la gente que quería ir no cabría en el estadio con capacidad para 40.000 personas. De hecho, muchos tuvieron que escuchar desde el parque exterior.

T.B. Joshua volvió a recibir un alto honor nacional, y el Presidente del país lo recibió personalmente.

T.B. Joshua con el Presidente Medina de la República Dominicana

Fue un acontecimiento muy colorido, los bailarines glorificaban a Jesús, el cálido viento caribeño acariciaba nuestras mejillas. Cuando el sol se puso y el calor se evaporó, comenzó el verdadero objetivo del día.

Para el mensaje de la primera noche, T.B. Joshua dio un sermón fundamental pero directo sobre la esencia del cristianismo: «Buscad primero el Reino». El texto de referencia en Romanos 5:1–8 recordó a los cristianos la justificación por la fe basada en la muerte sacrificial de Jesús en la cruz. El hombre de Dios también instó a la audiencia a acumular solo tesoros espirituales y a comprometerse con el bienestar de los demás.

Se presentaron testimonios públicos de cruzadas anteriores, oraciones, liberaciones y la bendición al final, la oración masiva.

La oración masiva del estadio con T.B. Joshua es una experiencia poderosa templada con el temor de Dios. No es un momento emotivo. Es un momento en el que, realmente no se sabe lo que va a pasar. ¿Quién se manifestará? ¿Quién vomitará, quién dejará las muletas o los andadores y se levantará de la silla de ruedas? Como en todos los eventos, los ayudantes y el equipo están preparados para la acción, con calzados prácticos y camisetas identificativas.

Como cuando resonó de repente un: «¡Cámara, ven rápido!», ¿Qué ocurría? La sangre salía de la cabeza de una joven. No se había caído, era un hecho sobrenatural. Había sufrido una extraña infección de hongos en el cuero cabelludo, tan dolorosa como vergonzosa. Ni siquiera recibió un toque físico de oración en la Cruzada de la República Dominicana con el Profeta T.B. Joshua, pero el Espíritu Santo mismo la tocó durante el tiempo de la oración masiva de una manera memorable. La infección se desvaneció después de que su cabeza comenzara a sangrar durante la oración, como declaró más tarde la joven que estaba junto con su tía.

El Reino Unido e Israel

Hubo eventos para varios miles de personas en el Reino Unido, Francia y Argentina en 2018, todos transmitidos en vivo, donde los evangelistas enviados por T.B. Joshua ofrecieron oración con el Agua de Unción en el poderoso nombre de Jesucristo. Se produjeron abundantes sanidades y liberaciones.

Avivamiento en Reino Unido, Sheffield, 2019

Luego, en 2019, el Espíritu Santo dirigió hacia dos eventos internacionales en el mes de junio. El Avivamiento de Emmanuel TV en el Reino Unido se celebró en la Arena Sheffield, un gran estadio cubierto, con la ministración de tres de los «profetas en formación».

La gente fue de todas partes para

A LAS NACIONES

experimentar la unción, y muchos no pudieron ingresar dado que el estadio con más de 10.000 asientos estaba repleto.

T.B. Joshua permaneció en Lagos en la Montaña de Oración durante este evento. La primera persona por la que se oró fue una señora con una pierna rota. Sin ningún toque físico, su pierna comenzó a temblar incontrolablemente mientras el Espíritu Santo realizaba una «operación espiritual». Cuando se despojó de las muletas y de la bota ortopédica, el milagro quedó a la vista de todos. La escena se produjo un poco antes cuando un coro de gospel invitado cantó la poderosa canción *Sin's Power over me is broken* (*El poder del pecado en mí está roto*, escrita por T.B. Joshua). Hubieron liberaciones, sanidades y una gran manifestación del poder de Dios mientras cantaban. .

Tras el avivamiento de Emmanuel TV en el Reino Unido, tuvo lugar el memorable evento al aire libre en Nazaret, Israel, la tierra donde Jesucristo caminó entre la gente, la patria histórica de los patriarcas del Antiguo Testamento. Esta era la tierra de la Biblia, donde los peregrinos religiosos venían de todo el mundo para realizar visitas especiales, pero no solían celebrarse grandes eventos al aire libre con el poderoso nombre de Jesucristo.

«Que el nombre de Jesús sea glorificado en Su histórica ciudad natal, Nazaret, Israel. Un evento público al aire libre en el Monte del Precipicio para que toda la ciudad se entere».

Esta fue una instrucción de Dios para T.B. Joshua. El Monte del Precipicio en Nazaret se menciona en la Biblia por una razón particular. Fue donde (como se cuenta en Lucas 4) una turba, enfadada por las palabras de Jesús, intentó arrojarlo desde la cima, pero Él pasó en medio de ellos ileso.

Aunque mucha gente visita el Monte del Precipicio, el anfiteatro que allí se encuentra se estaba convirtiendo en algo abandonado y necesitaba ser reparado. Mientras T.B. Joshua recorría las instalaciones en desuso en una visita anterior, el Espíritu Santo le indicó que ayudara económicamente con una renovación importante para este lugar sagrado, de modo que incluso después del evento, la ciudad de Nazaret se quedaría con un valioso espacio renovado.

Encuentro en Nazaret con T.B. Joshua, 2019

Antes de junio de 2019, se estuvieron llevando a cabo amplios trabajos de renovación y se entablaron buenas relaciones con los funcionarios del Gobierno local. Sin embargo, todo lo que está cerca de Jesús recibe a ataques, y en la tierra natal de Jesús este evento no fue una excepción. La historia de algunos de los retos a los que se enfrentó antes de que se cumpliera con éxito el acontecimiento de Nazaret se tratará en el próximo capítulo.

La era de los milagros no ha terminado; el Hacedor de milagros, Jesús, sigue vivo. ¡Para aquellos cuyas vidas se centran en Jesucristo, ¡lo mejor siempre está por venir!

La vida es un campo de batalla

Sentado en el avión para mi primera visita a Nigeria en 2001, yo (Gary) estaba a punto de experimentar el mundo de los chismes, las insinuaciones y los falsos testimonios. Una señora bien vestida se inclinó hacia delante y me dijo:

—Perdone, pero lo he oído hablar; ¿no querrá decir que va a... ese sitio?

—Lo siento, señora, no entiendo —respondí.

—¡Si no estuviéramos en el aire, le habría aconsejado que se bajara de este avión!

Su voz tembló con emoción y bajó a un significativo susurro...

—¡Ese lugar, La Sinagoga! Sabe que su poder proviene de la brujería, ¿verdad? Le aconsejo que cambie sus planes. Su poder es del «otro lado».

Inmediatamente, como un claro toque de clarín, me vino a la mente un versículo; ¿no era esto lo que los fariseos decían de Jesús? Saqué mi Biblia y comencé a leer:

«Al oírlo, los fariseos dijeron: Este no expulsa los demonios sino por Belcebú, el jefe de los demonios». (Mateo 12:24)

Cualquier cosa cercana a Jesús recibe ataques

Desde los primeros días, experimentamos comentarios tanto negativos como positivos sobre T.B. Joshua y La SCOAN, pero decidimos buscar la verdad en Dios.

¡Ay de vosotros, cuando todos los hombres hablen bien de vosotros! porque así hacían sus padres con los falsos profetas. (Lucas 6:26)

Todos los ministerios eficaces que buscan dar a conocer a Jesucristo, predicar el Evangelio y ver crecer el Reino de Dios, se enfrentan a la incomprensión, al ataque y al odio. El tipo de ataque variará según las costumbres de la época, las normas y percepciones de los acusadores. Estas cambian a lo largo de los siglos y difieren de una cultura a otra.

Sin embargo, Jesús nos recuerda que la oposición es normal:

Si fuerais del mundo, el mundo amaría lo suyo; pero porque no sois del mundo, antes yo os elegí del mundo, por eso el mundo os aborrece. Acordaos de la palabra que yo os he dicho: El siervo no es mayor que su señor. Si a mí me han perseguido, también a vosotros os perseguirán; si han guardado mi palabra, también guardarán la vuestra. (Juan 15:19–20)

El Evangelio de Juan, capítulo 7, versículo 12, ofrece una visión de la controversia que rodeaba a Jesucristo y que aún continúa hasta el día de hoy

Entre la multitud corrían muchos rumores acerca de él. Unos decían: Es una buena persona. Otros alegaban: No, lo que pasa es que engaña a la gente. (NVI)

Hagamos un viaje de regreso a la época cuando Jesús, como hombre, caminaba por esta tierra entre gente como nosotros, los educados y los incultos, los de diferentes religiones y los de ninguna religión:

—¿Has oído a este hombre, Jesús? —preguntó uno de los fariseos.

Su vecino se apresuró a responder.

—Sí, produce solamente una agitación emocional en la multitud. No

La vida es un campo de batalla

creo que sea cierto lo que dicen de él. En cuanto a los milagros, siempre se puede sobornar a alguien necesitado para que diga que ha recibido un milagro. Sabemos las Escrituras; que nuestro amado Mesías, cuando venga... —su tono bajó reverentemente—... vendrá de Belén, como el Profeta Miqueas nos ha instruido. He oído que este hombre procede de Galilea, de Nazaret, y, ¿cuándo ha surgido algo bueno de Nazaret?

—Tienes razón, pero la gente está realmente interesada en él.

—¡No te preocupes, hermano, el Sanedrín (tribunal judío) se encargará de él!

Y así fue. El Sanedrín se ocupó efectivamente de Jesús, llamado el Cristo, y el cristianismo comenzó con el clavado de un hombre en una cruz, esperando a que su cuerpo expirara.

Pero había un gran significado en el derramamiento de la sangre de Jesucristo. Lo explica la Biblia:

Sin el derramamiento de sangre no hay perdón. (Hebreos 9:22, NVI)

Dijo T.B. Joshua:

> La sangre que Jesucristo derramó en la cruz del Calvario es el bien más preciado en la historia de la humanidad.

Muchos de los que lo vieron morir en la cruz también, ¡fueron testigos de su resurrección!

Como las acusaciones que fueron lanzadas contra nuestro Salvador, Jesucristo, y han continuado a lo largo de la historia de Cristo, también T.B. Joshua fue uno de los muchos en una larga línea de creyentes fieles que han sido difamados, han soportado el encarcelamiento físico, campañas de desprestigio y falsas acusaciones.

El estudio de la Biblia y de la historia cristiana pone de manifiesto que la gente puede tener dificultades para comprender y apreciar el modo y la manera en que Dios Todopoderoso actúa en las vidas de los distintos creyentes cristianos. Esto es cierto tanto si son obispos, pastores, sacerdotes, ministros, profetas, místicos, monjes, monjas o humanistas notables y se aplica a través de las divisiones denominacionales.

Los creyentes cristianos cuya vida e influencia piadosa han resistido la prueba del tiempo y han superado su vida física tenían varias características comunes, sean protestantes, católicos, ortodoxos, carismáticos, metodistas, bautistas, reformados, pentecostales, adventistas u otros.

¿Cuáles eran estas características?

- La Biblia era su «Libro de los libros»; vivían en «la Palabra»;
- Vivían una vida consagrada (apartada);
- Sus vidas mostraban evidencia de tener una mente independiente, una mente que encontraban la verdad solamente en Dios;
- La humildad era manifiesta en ellos.

Déjaselo a Dios

T.B. Joshua ha dicho en muchas ocasiones que la manera y el modo en que Dios actúa en la vida de las personas es diferente. Dios puede instruir al «Pastor A» de esta manera y al «Pastor B» de otra. Un ministro puede tener una relación profunda con Dios, y otro puede tener una más profunda. Las comparaciones carnales de los «ministros de Dios» son peligrosas y tienden a depender en gran medida de nuestra cultura y de nuestra «visión del mundo», es decir, de la lente a través de la cual percibimos y, por lo tanto, emitimos un juicio de valor instantáneo.

La Biblia es clara al decir que es Dios quien juzgará a los que dicen ser Sus siervos. Como lo expresó el apóstol Pablo:

¿Quién eres tú para juzgar al siervo de otro? Que se mantenga en pie, o que caiga, es asunto de su propio señor. (Romanos 14:4, NVI)

Él aplicó este principio a su propia vida, así como a la de los demás:

Que todos nos consideren servidores de Cristo, encargados de administrar los misterios de Dios. Ahora bien, a los que reciben un encargo se les exige que demuestren ser dignos de confianza. Por mi parte, muy poco me preocupa que me juzguen ustedes o cualquier tribunal humano; es más, ni siquiera me juzgo a mí mismo. Porque aunque la conciencia no me remuerde, no por eso quedo absuelto; el que me juzga es el Señor. Por lo tanto, no juzguen nada antes de tiempo; esperen hasta que venga el Señor. Él sacará a la luz lo que está oculto en la oscuridad y pondrá al descubierto las intenciones de cada corazón. Entonces cada uno recibirá de Dios la alabanza que le corresponda. (1 Corintios 4:1–5, NVI)

Como dijo T.B. Joshua: «A los siervos de Dios, grandes y pequeños, Dios los juzgará».

Gamaliel habló en el libro de Hechos 5:38–39 en un momento de controversia sobre el ministerio de Pedro y los otros apóstoles en Jerusalén, y su consejo es tan pertinente ahora como lo fue hace 2000 años:

En este caso les aconsejo que dejen a estos hombres en paz. ¡Suéltenlos! Si lo que se proponen y hacen es de origen humano, fracasará; pero, si es de Dios, no podrán destruirlos, y ustedes se encontrarán luchando contra Dios. (NVI)

Demos Shakarian fue un agricultor y fundador de la Fraternidad de Empresarios del Evangelio Completo. Su historia se cuenta en el libro *The Happiest People on Earth* (El pueblo más feliz de la tierra), que relata, en los días de los avivamientos de la gran carpa en los Estados Unidos a finales de la década de 1940, el encuentro que tuvo con un evangelista que parecía tener un problema con la codicia. En la última noche de la campaña, este evangelista, que pidió a la gente que ofrendara con especial generosidad en la última reunión, fue descubierto preparándose para fugarse con todo lo recibido.[19]

Es así que Demos quiso impedir su huida, pero se detuvo y recordó en un destello de inspiración la vez que David se acercó sigilosamente a Saúl en la cueva, pero decidió, por respeto a Dios, no dañarlo pues Saúl había sido el ungido de Dios, sino déjarselo a Dios (1 Samuel 24:10).

Demos oyó una voz, que apenas reconoció como suya, diciendo a los ujieres que querían detener al evangelista: «No lo toquen». Dirigiéndose a él mientras estaba ocupado metiendo los dólares en una gran cartera marrón, le expresó: «Dios no suministra su dinero por estos métodos; no creo que Dios lo bendiga». Al cabo de seis años, el evangelista errante se presentó en su granja, «demacrado, sin afeitar y mal

---

19 Shakarian, D., Sherrill, J.L. and Sherrill, E. (1975). *The Happiest People on Earth* [El pueblo más feliz de la tierra]. Chosen Books. pp. 103-105

vestido» para pedirle dinero. Unos tres años después, Demos se enteró de que había fallecido.

¿Por qué es importante esta historia? Se trata de la posición de Dios en nuestras vidas. La Biblia nos muestra que Dios está al tanto de lo que hacemos en público como en secreto.

Entended, insensatos del pueblo; y vosotros, necios, ¿cuándo seréis sabios? El que hizo el oído, ¿no oirá?, el que formó el ojo,¿ no verá? El que instruye a las naciones, ¿no corregirá? ¿El que enseña al hombre el conocimiento? El Señor conoce los pensamientos del hombre, que son vanos». (Salmo 94:8)

¡Dejale ese asunto a Dios! De hecho, tenemos que tener especial cuidado de no hablar en contra de la obra del Espíritu Santo (Mateo 12:32).

¿Estabas allí cuando crucificaron al Señor?

Al abrir el portal de la historia, es fácil creer que no seríamos como aquellos que no reconocieron a Jesucristo, pero siendo realistas, no es así. Jesús se toma el tiempo de recordar a los ilustrados de su era que, aunque construyeron las tumbas de los profetas para honrarlos, habrían sido ellos los que los habrían perseguido si hubieran estado vivos en aquella época. Este relato se encuentra en Lucas 11:47–48, se puede observar cómo disgustó a sus oyentes.

Entonces Pedro, en su famoso sermón de Hechos 2:36, da un mensaje contundente:

Por lo tanto, que toda la casa de Israel sepa con certeza que Dios ha hecho a este Jesús, **a quien vosotros crucificasteis,** *Señor y Cristo.* (Énfasis añadido)

¿Qué habríamos hecho si hubiéramos sido parte de la multitud en Jerusalén alrededor del año 30 d. C.? La realidad es que probablemente habríamos ido con la mayoría, que, habiendo recibido a Jesucristo con palmas dando gritos de «¡Hosanna!», unos días más tarde hubiéramos exigido a Pilato diciendo: «¡Crucifícalo!». Pilato, literalmente se «lavó las manos» del asunto y tomó la vía expedita de satisfacer a la multitud y mantener a los líderes religiosos de su lado. Incluso Pedro, uno de los colaboradores más cercanos de Jesús, lo negó cuando las cosas se pusieron demasiado difíciles.

Estas acciones no fueron tomadas por la convicción de que Jesucristo merecía la muerte, sino por la ausencia de una convicción lo suficientemente fuerte como para enfrentarse a la mayoría cuando el potencial costo personal de hacerlo era alto.

Todavía recordamos algunos versos de una canción cristiana de los años 70:

> *¿Te uniste cuando empezaron a cantar*
> *¡Crucifícalo, crucifícalo!?*
> *Sé que fuiste tú, porque yo también estaba allí*
> *cuando el mundo dijo ¡No!* [20]

Controversia cristiana

Los ejemplos más recientes se encuentran en los ministros de Dios controvertidos, que durante su vida sobrellevaron en igual medida a los que creían que Dios los estaba utilizando poderosamente y a los que pensaban lo contrario. Uno de estos ministros de Dios fue el inglés Smith Wigglesworth (1859–1947), conocido como el «Apóstol de la fe». Después de su muerte, su historia ha aparecido en el popular libro de Roberts Liardon God's Generals (Los Generales de Dios), y es posible encontrar sus sermones ampliamente disponibles en las librerías cristianas. Ahora es más conocido que cuando estaba vivo. Muchos lo consideraban una figura incómoda y polémica en su época, y a menudo había cierto estigma por asistir a sus reuniones.

Las diferencias doctrinales y prácticas entre los creyentes estaban y están a la orden del día. No nos equivoquemos, ese es el mensaje de la historia. Si no tenemos cuidado, los héroes del pasado pueden ser vistos a través de una niebla idealista o juzgados como si hubieran operado en la cultura actual. Los héroes de hoy pueden ser ignorados, malinterpretados y criticados con demasiada facilidad durante su vida.

---

20   Graham Kendrick. Copyright © 1974 Make Way Music

John G. Lake (1870–1935) sigue siendo criticado y venerado a la vez. Soportó acusaciones de practicar la medicina sin licencia, y los indudables milagros de su ministerio fueron socavados al proclamarlo como «curandero» y charlatán.

Charles Finney (1792–1875), conocido como el «Príncipe de los evangelistas», inspiró a Billy Graham y a muchos otros. Fue controvertido y atrajo campañas de desprestigio, pero se lo recuerda por inspirar lo que se conoció como el Segundo Gran Despertar en Estados Unidos y por el uso del «banco de los penitentes» durante sus reuniones. G. Frederick Wright, que trabajó con Charles Finney durante 30 años, recuerda cómo una época particular de avivamiento se vio empañada por amargas discusiones denominacionales (en este caso, sobre el bautismo de los nuevos creyentes). Esto casi tuvo el efecto de detener abruptamente la hermosa obra de Dios que estaba teniendo lugar. Las reuniones de Charles Finney atrajeron muchas críticas y campañas orquestadas de calumnias, pero de los que criticaron, algunos cambiaron más tarde sus opiniones y se maravillaron.

Rees Howells (1879–1950) es venerado hoy por los creyentes de todo el mundo como ejemplo de hombre justo, imbuido del Espíritu de Dios, que emprendió un ministerio de intercesión durante la Segunda Guerra Mundial. Sus oraciones se atribuyen, como a las de Elías de antaño, como «poderosas y eficaces». Sin embargo, predijo públicamente que la guerra (la Segunda Guerra Mundial) terminaría en 1940, cuando lo cierto es lo contrario, y apenas estaba comenzando. La prensa lo retrató como un fracaso, lo que puso a la opinión pública en contra de él y del instituto bíblico galés que fundó. Esto no desanimó a este hombre piadoso de Gales, y asumió la llamada a la guerra espiritual en la oración con mayor determinación, sabiendo que Dios tenía algo que decir en todas las situaciones.[21]

En la Gran Bretaña del siglo XVIII, la controversia teológica estaba muy presente. En ese contexto, uno de los ataques más feroces contra John Wesley (1703–1791) fue de carácter teológico. La llamada «controversia

---

21 Ruscoe, D.M. (2003). *The Intercession Of Rees Howells* [La intercesión de Rees Howells]. Lutterworth Press

LA VIDA ES UN CAMPO DE BATALLA

de las actas» (que se refiere a las actas de una de las conferencias de Wesley) hizo estragos entre 1770 y 1775. John Wesley fue acusado de «espantosa herejía» que era «perjudicial para los principios fundamentales del cristianismo», y muchos ministros prominentes le ordenaron que se retractara de lo que estaba registrado en sus actas de agosto de 1770. Estaba ampliando algo que había dicho en 1744: «Nos hemos inclinado demasiado hacia el calvinismo», por ejemplo, afirmaba:

> ¿Hablar de un estado justificado o santificado no tiende a engañar a los hombres? ¿Llevándolos casi naturalmente a confiar en lo que se hizo en un momento? Mientras que cada hora y cada momento somos agradables o desagradables a Dios, según nuestras obras: según el conjunto de nuestros temperamentos interiores y nuestro comportamiento exterior.[22]

Por esta expresión de «cristianismo práctico», su nombre fue manchado, y muchos se volvieron contra él.

Y así llegamos a T.B. Joshua —profeta, pastor, maestro, humanitario, padre en el Señor para muchos— y a La Sinagoga, Iglesia de Todas las Naciones.

Durante más de dos décadas, hemos tenido un «asiento en primera fila» y la oportunidad de observar la profundidad de los esfuerzos para detener el avance de este poderoso ministerio. Desde los primeros tiempos de nuestra participación en este «movimiento de Dios», hemos recibido opiniones negativas de todas partes sobre T.B. Joshua y hemos sido introducidos en el mundo de los falsos testimonios y acusaciones, campañas de desprestigio, ataques malvados y asesinatos de carácter.

> La vida no es un juego y una diversión. Es un campo de batalla en el que solo salen victoriosos los de mentalidad seria. (véase 2 Timoteo 2:3-4).

Cualquiera que busque la verdad necesita paciencia y una mente independiente, debe considerar el carácter y el historial del hombre T.B. Joshua en la elevación del nombre de Jesucristo en señales, maravillas

---

22 Fletcher, J. (1795). *First check to Antinomianism...* [Primera revisión al antinomianismo...] G. Paramore. p. 7

y milagros de sanidad. Esto ha sido consistente por más de 30 años. Hay multitud de ejemplos, muchos de ellos grabados en video para la posteridad. Estando siempre presente la profunda enseñanza bíblica y el constante ánimo a los oyentes para que hagan de la Palabra de Dios su estándar para la vida y su meditación diaria.

Mateo 7:18 explica: *Un árbol bueno no puede dar frutos malos, ni un árbol malo puede dar frutos buenos.*

¡No hay reino neutral! La oscuridad del corazón humano sin Dios y el odio a Cristo y al Evangelio cristiano son reales. La rabia contra Dios se observa a diario en el mundo occidental. El libro de Génesis nos recuerda que en los días de Noé (como hoy),

... todos sus pensamientos tendían siempre hacia el mal. (Génesis 6:5, NVI)

El profeta Jeremías proclamó la misma verdad:

El corazón es engañoso sobre todas las cosas, y desesperadamente perverso; ¿quién puede conocerlo? (Jeremías 17:9)

C.S. Lewis (un profesor y teólogo del siglo XX) hace eco a esta afirmación:

> Nunca descubrimos la fuerza del impulso maligno que llevamos dentro hasta que intentamos luchar contra él. [23]

Falso testimonio

Los Diez Mandamientos son un conjunto de principios bíblicos relacionados con la ética y el culto, que desempeñan un papel fundamental en el judaísmo y el cristianismo. Durante siglos, han dado forma a las democracias cristianas occidentales, proporcionando reglas para la vida civil tanto para los religiosos como para los no religiosos. Los Diez Mandamientos se enseñaban a los niños en las escuelas dominicales, junto con el Padre Nuestro, como principios básicos de la fe cristiana.

El noveno de esos mandamientos es éste: «NO darás falso testimonio».

Como muchos otros comportamientos pecaminosos, el falso testimonio

---

23 Lewis, C.S. (1952). *Mere Christianity* [Mero Cristianismo]. Macmillan. p. 78

es el producto natural de un corazón corrupto:

Porque del corazón salen los malos pensamientos: el homicidio, el adulterio, la inmoralidad sexual, el robo, el falso testimonio, la calumnia. (Mateo 15:19)

Basta con que la amargura o la ofensa se arrainguen en el corazón para que surjan todos sus malos compañeros, incluido el falso testimonio.

En la historia cristiana han abundado las afirmaciones falsas, las campañas de desprestigio, los comentarios calumniosos, los escritos injuriosos y las campañas concertadas de calumnia. Esto no debe sorprendernos, ya que nuestro enemigo, satanás, no quiere ver prosperar al Evangelio. Y satanás utilizará sin piedad todo tipo de debilidad humana para sus fines antes de soltar sus instrumentos y dejarlos en la miseria.

Porque no tenemos lucha contra sangre y carne, sino contra principados, contra potestades, contra los gobernadores de las tinieblas de este siglo, contra huestes espirituales de maldad en las regiones celestes. (Efesios 6:12)

La falsa acusación está muy extendida, al igual que los otros «pecados del corazón», como la lujuria y la ira. Puede ser una estrategia simple y efectiva utilizada por el maligno para derribar a un ministro o ministerio. El problema no es necesariamente las acusaciones en sí, sino el efecto de sembrar semillas de duda en los corazones. Estas semillas de duda pueden germinar y crecer, apartando a los creyentes de su glorioso destino hacia un estilo de vida cínico y cansado donde los servicios religiosos se convierten en una obligación.

A partir de las Escrituras, observamos que cuando creemos una mentira, no solo retrocedemos a una posición neutral, sino que corremos el peligro de convertirnos en un evangelista que difunde chismes, rumores y mentiras para distorsionar la verdad. Cualquiera puede ser Pedro; ¡cualquiera puede ser Judas! La ofensa y la mentira pueden ser endémicas. El Salmo 12:2 nos recuerda que:

Todos mienten a su prójimo; adulan con los labios, pero albergan el engaño en su corazón.

Proverbios 6:16-19 nos instruye que:

Hay seis cosas que el Señor aborrece, siete que le son abominables: los ojos altivos, la lengua mentirosa y las manos que derraman sangre inocente, el corazón que urde planes perversos, los pies que se apresuran a correr hacia el mal, el testigo falso que exhala mentiras y el que siembra discordia entre los hermanos.

La ofensa, el odio, la amargura, la envidia, los celos, la pobreza y el deseo de dinero o de notoriedad pueden llevar a muchos a subvertir la verdad. Hemos visto esto en acción. La verdad no cambia, pero la gente puede cambiar, y de hecho lo hace, cambiar su «historia» en función de lo que pretenda conseguir en un momento determinado. Fuimos testigos de ello en diferentes ocasiones.

Esto también se hizo evidente en un contexto completamente diferente para Fiona cuando cumplió con su deber de ser jurado en el Reino Unido.

Los 12 miembros del jurado, procedentes del multicultural Reino Unido, recibimos un severo sermón del juez antes de empezar a considerar las pruebas, tras una grave acusación. El juez nos explicó que la gente miente por muchas razones y que también llora y muestra emoción incluso cuando miente. Era un caso complejo, y las historias al principio parecían bastante convincentes, pero empezaron a tener menos peso a medida que avanzaba el juicio. Al final, 10 de los 12 miembros del jurado estaban dispuestos a pronunciar su sentencia de «No culpable».

En el mundo político, las campañas de desprestigio forman parte del arsenal político antes de una campaña. En la jerga popular, «si se arroja suficiente barro a una persona, algo se le pegará y se creerá».

Algunas campañas se planean para eliminar a una persona de esta tierra. La viña de Nabot es uno de esos relatos en la Biblia. 1 Reyes 21, versos 9 al 14 contiene la historia de Jezabel y su uso deliberado de la acusación falsa para tomar la vida de un hombre inocente:

Y las cartas que escribió decían así: Proclamad ayuno, y poned a Nabot delante del pueblo; y poned a dos hombres perversos delante de él, que atestigüen contra él y digan: Tú has blasfemado a Dios y al rey. Y entonces sacadlo, y apedreadlo para que muera. Y los de su ciudad, los ancianos y los principales que moraban en su ciudad, hicieron como Jezabel les mandó,

La vida es un campo de batalla

conforme a lo escrito en las cartas que ella les había enviado. Y promulgaron ayuno, y pusieron a Nabot delante del pueblo. Vinieron entonces dos hombres perversos, y se sentaron delante de él; y aquellos hombres perversos atestiguaron contra Nabot delante del pueblo, diciendo: Nabot ha blasfemado a Dios y al rey. Y lo llevaron fuera de la ciudad y lo apedrearon, y murió. Después enviaron a decir a Jezabel: Nabot ha sido apedreado y ha muerto.

Cuando Nehemías tenía instrucciones de Dios para construir las murallas de Jerusalén, se hicieron varios intentos nefastos para que dejara el trabajo. Una de las respuestas de Nehemías fue negarse a participar en los «supuestos» informes porque, como dice el versículo 9 de Nehemías 6, *«intentaban atemorizarnos y debilitar la obra»*.

Al finalizar la labor de construcción, la Biblia señala que los enemigos percibieron que esa obra fue realizada por Dios.

La persecución de T.B. Joshua en Nigeria también fue más allá de lo normal. El nivel de acusaciones alarmantes y destructivas a lo largo de los años contra el ministerio en una amplia colección de medios impresos y sitios web en línea fue increíble. Se celebraron reuniones de oración y rituales para detener el ministerio, y se persuadió a los lugareños para que difundieran mentiras y sostuvieran pancartas fuera de la iglesia para protestar.

Mientras se producía todo este «ruido», nosotros llevábamos tranquilamente grupos a La SCOAN. Los testimonios más constantes eran que los visitantes se acercaban más a Dios y volvían a sus países para ser miembros más activos de sus diversas iglesias locales.

Hemos sido testigos a lo largo de los años de cómo, frente a un sinfín de acusaciones, T.B. Joshua seguía manteniendo su atención en su objetivo de proclamar las buenas noticias de Jesucristo y liberar a los cautivos:

> No es lo que los hombres dicen de ti lo que realmente importa en la vida; es lo que tú crees de ti mismo. Jesús fue calumniado; fue acusado falsamente. Nunca rogó a nadie que creyera en Él. Acusaron a Jesús de estar lleno de demonios. Sin embargo, Él no hizo caso. Simplemente siguió expulsando demonios (Mateo 12:24).

La gente siempre lucha contra lo que no entiende. A lo largo de la historia de la humanidad, se les ha ensuciado el nombre a los hombres de Dios. Acusaciones y mentiras calumniosas han llegado contra grandes líderes políticos así como ministros de Dios. Esto es una realidad en la vida. Daniel, por ejemplo, fue acusado de violar la ley. José fue acusado falsamente de violar a la mujer de su patrón. Sabiendo todo esto, Jesús nunca perdió el tiempo con Sus críticos. Simplemente mantuvo Su atención en Su objetivo.[24]

El interés de la televisión se vuelve agrio

Al principio, las cadenas de televisión internacionales se interesaron por lo que ocurría en La SCOAN, especialmente por la sanidad. Sin embargo, La SCOAN no es un lugar ordinario y los motivos de uno son importantes. El Espíritu Santo pone al descubierto los verdaderos motivos, y aquí tenemos un ejemplo de ello, tan «ridículo» que merece ser examinado para entender lo que hay detrás.

En los primeros días antes de Emmanuel TV, un equipo de televisión de una productora independiente del Reino Unido recibió permiso para visitar y grabar partes de un servicio y varias entrevistas. Dijeron que trabajaban para la BBC y, durante la visita, se mostraron muy elogiosos e incluso concedieron entrevistas positivas sobre la experiencia de los visitantes durante el servicio. Sin embargo, todo esto resultó ser engañoso. Aunque se dijo que el título provisional del programa era «Worldwide Christianity», el resultado final se emitió en Channel 4 en junio de 2004 con el título «God is Black» (Dios es Negro).

Vimos con incredulidad cómo el programa presentaba como siniestras simples conversaciones en el idioma local (yoruba) de evangelistas locales, y una entrevista con T.B. Joshua fue editada de forma muy engañosa. Incluso las tomas de la línea de oración tenían música de miedo superpuesta en el fondo.

En ese momento, no había presencia del ministerio en el Reino Unido, ni Emmanuel TV, ni eventos evangélicos internacionales y, sin embargo,

---

24 T.B. Joshua, *To Know The Truth is to Know Jesus Christ* [Conocer la verdad es conocer a Jesucristo,], folleto de La SCOAN, disponible en el 2001

La vida es un campo de batalla 103

había un claro intento de desprestigiar el ministerio en el Reino Unido.

En otra ocasión, cuando había algunas reuniones periódicas para orar en el Reino Unido, algunos reporteros encubiertos mostraron informes médicos de afecciones graves, fingiendo que estaban desesperados y pidiendo oración.

«Por favor, ¿me ayudarás? Quiero oración por tal condición», la joven juntó las manos suplicante, sus ojos oscuros nos miraron implorantes. «Llevo cuatro semanas asistiendo; ¿por qué no pueden orar por mí? Aquí está mi informe médico». El equipo se preparaba para una de las reuniones periódicas de oración con el Agua de Unción.

La oración por los enfermos forma parte de la liturgia cristiana desde los tiempos del Nuevo Testamento, aunque la forma y el modo en que se ofrece varían según las tradiciones cristianas. Quizás lo más importante es que el éxito de la oración ofrecida «en el nombre de Jesucristo» puede depender de la fe tanto del que ora como del que recibe. Sin embargo, es ampliamente aceptado y, por lo tanto, es extraño que un servicio de este tipo, abierto al público, sin ninguna sugerencia de que haya dinero de por medio y en horario diurno, reciba la atención encubierta de los medios de comunicación.

¿Por qué estábamos seguros de que algo iba mal en la historia de la mujer? Únicamente puede haber sido el Espíritu Santo advirtiéndonos que lo que veíamos por fuera no era toda la historia. Le explicamos que aún no era el momento de orar por ella; poco sabíamos que la mujer estaba tratando de tendernos una trampa para que su equipo de cámaras encubierto la viera recibiendo la oración y tuviera la libertad de hacer sus acusaciones. Frustrados por nuestra negativa, se publicó de todos modos una historia tremendamente inexacta (que incluía la foto de Fiona) en la versión online de un conocido periódico.

Más tarde, los medios de comunicación irrumpieron un servicio matutino con sus cámaras, abriéndose paso entre los ujieres. No teníamos ni idea de lo que esperaban ver. No era una reunión numerosa, y el servicio ya había terminado, lo que daba tiempo a tomar una buena taza de té juntos y charlar, y el equipo estaba atendiendo a los visitantes.

La mayoría de los asistentes se había marchado cuando el personal de noticias se abrió paso. Se acercaron a un miembro del equipo con su cámara y su micrófono y exigieron saber por qué estábamos desaconsejando a ciertos pacientes que tomaran la medicación (lo cual no era cierto). Se les informó de que estaríamos encantados de programar una reunión con ellos, pero que teníamos que terminar de atender a la gente que estaba allí. Insistieron en intentar conseguir un comentario pero no lo obtuvieron. Pensamos que probablemente se habían equivocado en el horario y esperaban irrumpir a mitad del servicio. Un miembro del equipo trató de bloquearlos poniendo la mano delante de la cámara, proporcionando así un clip que finalmente utilizaron en la emisión para apoyar su relato totalmente infundado.

12 DE SEPTIEMBRE DE 2014

El 12 de septiembre de 2014, volvimos a casa después de una visita amistosa que realizamos a una persona becada por La SCOAN en la Universidad de Oxford con la noticia de que se había producido un grave incidente en La SCOAN en Lagos. Un edificio que albergaba a visitantes internacionales se había derrumbado repentinamente sobre sí mismo, y al parecer habían muchas víctimas. T.B. Joshua describiría esta tragedia como «la mayor prueba desde el comienzo de mi llamado».

Esta no fue la única catástrofe internacional que tuvo lugar ese mismo año, en la que no quedó claro de inmediato qué había sucedido realmente. Por ejemplo, hubo dos aviones de Malaysia Airlines que se estrellaron: uno se perdió sobre el Mar del Sur de China y el otro fue derribado sobre el este de Ucrania. Cuando se producen incidentes tan graves en la escena internacional, es habitual que diferentes observadores expongan teorías sobre lo que pudo haber ocurrido. Las redes sociales suelen ser un hervidero de sugerencias, algunas descabelladas y otras más plausibles. Sin embargo, las fuentes oficiales cercanas al incidente suelen ser más cautelosas y aconsejan esperar a que se realicen investigaciones oficiales antes de sacar conclusiones.

Sin embargo, en el caso del incidente de La SCOAN, se citó

La vida es un campo de batalla

inmediatamente a funcionarios del Gobierno local que prejuzgaban lo ocurrido sin examinar ni conocer siquiera las pruebas. Surgieron para dar apoyo a una campaña que registró cómo las noticias llegaban a otros países esa misma tarde, presentando a T.B. Joshua como el villano de la pieza. Nada más lejos de la realidad, pero la campaña de desprestigio persistió. Parecía como si hubiera una campaña específica para ir a la prensa con ataques al ministerio. Una de las narrativas afirmaba que la gente de la iglesia no ayudaba en las operaciones de rescate. En cambio, al dar pruebas reales, la Cruz Roja nigeriana dijo lo contrario:

> Las autoridades eclesiásticas fueron buenas y nos ayudaron. Se mostraron muy solícitos con las operaciones de rescate. Y puedo decir categóricamente que nunca nos impidieron hacer nuestro trabajo. Más bien, sus esfuerzos cubrieron realmente nuestras insuficiencias.[25]

El momento real del derrumbe del edificio fue captado por las cámaras de seguridad de CCTV, mostrando que todo el edificio se derrumbó sobre sí mismo de forma simétrica y completa en poco menos de 4 segundos, sin afectar a los edificios adyacentes.

Imágenes de CCTV que muestran el derrumbe de todo el edificio de forma simétrica

La naturaleza del derrumbe apunta claramente no a un fallo estructural, sino a una demolición controlada, o «implosión del edificio», del tipo empleado para demoler edificios no deseados sin afectar a las parcelas adyacentes. El señor Derrick Garvey, arquitecto sudafricano con más de 50 años de experiencia, fue inequívoco al hablar del incidente en la televisión nacional sudafricana: «Cuando el edificio cae sobre sí mismo en una nube de polvo, no puede ser otra cosa... Fue una demolición controlada por implosión. No hay ninguna duda al respecto»[26]

Una demolición de este tipo debe ser meticulosamente planificada

---

25 *Synagogue Building Collapse: Witnesses Vindicate Church...* [Colapso del edificio de La Sinagoga: Los testigos reivindican a la Iglesia...], The Maravi Post, 30 de octubre del 2014
26 *Newsroom, 31 July 2015.* Canal de YouTube de SABC, 31 de julio de 2015

para asegurar que el edificio caiga dentro de su propia huella. Normalmente se emplean explosivos pequeños y colocados estratégicamente, aunque también se pueden utilizar bombas hidráulicas y, con una planificación y preparación adecuadas, otras técnicas podrían desencadenar una implosión.

Las imágenes de CCTV y los videos grabados por los testigos presenciales también muestran claramente que un avión que volaba a baja altura estaba cerca del edificio, rodeándolo cuatro veces en la mañana del derrumbe. Este avión era claramente visible como un Hércules C130 propiedad de la Fuerza Aérea de Nigeria. Las autoridades lo reconocieron oficialmente, pero no se dieron explicaciones ni detalles, salvo que estaba «en una misión de entrenamiento en circuito». Habíamos visitado La SCOAN docenas de veces y habíamos pasado muchos meses viviendo allí y nunca habíamos visto un avión de este tipo.

La presencia de este avión en la zona de forma única esa mañana, minutos antes de la implosión, es indiscutible, aunque no haya ninguna prueba directa de lo que hacía el avión.

Hay diferentes teorías. Por ejemplo, un artículo académico de julio de 2015 postula que la destrucción del edificio de La SCOAN fue probablemente provocada por un arma infrasónica que llevaba el avión.[27] Otro artículo privado explica cómo pudo emplearse un láser químico desde el avión para activar los explosivos que provocaron la implosión.[28]

En dos artículos publicados en junio de 2017, un antiguo ministro de Cultura y Turismo y ministro de Aviación de Nigeria sostiene que el edificio de La SCOAN fue volado en una operación secreta llevada a cabo por elementos deshonestos de las agencias de inteligencia. El autor afirma haber sido informado de ello por agentes que trabajan en las agencias y explica con cierto detalle las posibles motivaciones

---

27 Iguniwei, P. B. (2015). *Elimination of the Structural Failure and the Placement of Chemical Explosives Options...* [La eliminación del fallo estructural y las opciones de la colocación de explosivos químicos...], International Journal of Scientific Engineering and Research 3 (7).
28 *A Thorough Examination Of The SCOAN Building collapse, debunking some theories* [Un análisis exhaustivo del colapso del edificio de La SCOAN, desmontando algunas teorías], The Maravi, 23 de octubre de 2014

políticas y religiosas de tal ataque.[29,30] Sea o no una explicación plausible o una teoría de la conspiración, sabemos con certeza que el conspirador final, Satanás, había querido destruir el ministerio de T.B. Joshua.

Manteniendo el enfoque bajo presión y tensión

La respuesta de un profeta, un «General de Dios» de nuestro tiempo, al desafío que enfrentó el ministerio en 2014 en el momento del derrumbe del edificio fue instructiva, y tuvimos el privilegio de ver esa respuesta en acción.

Demos un paso atrás y examinemos la situación tal y como se desarrolló.

Este hecho sucedió cuando se produjo un evento extraordinario en Colombia, cuyo Estadio Olímpico resultó con su aforo completamente lleno. T.B. Joshua se alojaba en un establecimiento rústico en una montaña donde tenía su lugar de oración, cuando bajaba de la misma a fin de trasladarse a un sitio más accesible para que los visitantes lo conocieran, llegó la advertencia de Dios:

«Una nube está cubriendo Nigeria. Vuelve a la Montaña de Oración (casa en Nigeria) y ora. Y una cosa más, compra un nuevo sistema de CCTV para el terreno en Ikotun Egbe».

Esto fue en el mes de julio, y se siguió la instrucción. El viernes 12 de septiembre, el día del «ataque», el hombre de Dios estaba orando en la Montaña de Oración cuando llegaron informes de un extraño avión que sobrevolaba La SCOAN.

Este malvado ataque fue tratado como tal por el tranquilo ejemplo del hombre de Dios:

> El enfoque roto es la verdadera razón por la que los hombres fracasan.

---

29 *Femi Fani-Kayode: How TB Joshua's church building was bombed [Part 1]* [Cómo fue bombardeado el edificio de la iglesia de T.B. Joshua (Parte 1)], Daily Post, 5 de junio de 2017
30 *Femi Fani-Kayode: How TB Joshua's church building was bombed [Part 2]* [Cómo fue bombardeado el edificio de la iglesia de T.B. Joshua (Parte 2)], Daily Post, 7 de junio de 2017

Incluso en medio de esta agonizante prueba, su enfoque no cambió. Evitando que cundiera el pánico, organizó pacientemente a los evangelistas en equipos de rescate utilizando las ambulancias presentes «proféticamente» en el lugar. Continuó en actitud de oración en todo momento. Si bien hubieron muchos mártires ese día, también hubo muchos rescatados que contaron sus singulares historias.

Durante el servicio dominical que siguió al fatídico viernes, se pudo ver al hombre de Dios con un enfoque inalterado, manteniéndose firme para todos los que lo veían por Emmanuel TV y los que estaban físicamente presentes en la iglesia. La línea de oración continuó, y esto fue durante el tiempo en que los eventos de rescate continuaban con éxito para los atrapados bajo los escombros.

Llegamos a La SCOAN justo una semana después del incidente y pudimos ver el enfoque inquebrantable en acción.

Tuvimos el privilegio de unirnos a un equipo que se dirigía a Sudáfrica para conocer a quienes habían perdido a sus familiares en este ataque. Eran personas de fe, humildes y preparadas para asumir las cosas difíciles de la vida con fe. El amor que se encendió en los corazones de la gente por el ministerio fue asombroso, espiritual, del Cielo. La historia revelará lo que se derivará de las vidas de estos mártires, personas que encontraron una muerte inesperada en pos de Dios. Ellos y sus familias han dado un ejemplo, un estándar de comportamiento que solamente podemos esperar imitar. Muchas familias seguirán siendo apoyadas por el ministerio a través de la educación.

Cruzada en México con T.B. Joshua, 2015

Avancemos rápidamente hasta México 2015. Mientras mirábamos alrededor del abarrotado estadio Azteca (el más grande de América Latina) y veíamos el nombre de Jesucristo honrado y levantado en alto, unos pocos meses después de aquel devastador ataque, dimos gracias a Dios porque el enfoque de su siervo el Profeta T.B. Joshua no se había roto. Muchas de las familias de los

La vida es un campo de batalla

mártires estuvieron presentes como invitados de honor.

El malvado ataque, por ser tal, pretendía incapacitar y herir de muerte al ministerio. Pero a Dios sea la gloria, dado que el tiempo ha pasado, mientras que todavía hay misterios que deben resolverse finalmente en el tiempo de Dios, el ministerio ha salido fortalecido.

Ruido en Nazaret

En junio de 2019, T.B. Joshua celebró una reunión histórica en el Monte del Precipicio de Nazaret, Israel, la ciudad natal de Jesucristo. Miles de personas viajaron desde todo el mundo. Sin embargo, antes de que el evento tuviera lugar, hubo ruido en todo Israel hasta el punto que dijeron que el evento se cancelaría.[31]

Líderes religiosos de las tradiciones cristiana e islámica aparecieron en la televisión para advertir a sus seguidores:

«Incluso si es por curiosidad, [nuestra gente] no debería ir; si lo hacen, estarían promoviendo a un mentiroso, a una persona a la que no le gustan los beneficios de la fe Cristiana. Este hombre solo está promoviendo mentiras, y cualquiera que siga a este mentiroso es injusto. Por eso prohibimos que nuestra gente participe en este evento».

«No deberíamos dar este lugar, que se considera altamente sagrado, a un hechicero. No debemos permitir que utilice nuestra tierra para publicitarse a sí mismo. Estoy en contra de esta visita; esta persona está provocando a la gente de todas las religiones en Nazaret. Deberían prohibirle y no darle ninguna oportunidad».

«Boicotear al sionista hechicero es un deber nacional y religioso».

Antes del evento, el Monte del Precipicio fue incendiado para detener la celebración del evento. También tuvo lugar una protesta,

---

31 *¡La persecución es promoción! Lecciones de T.B. Joshua en Nazaret,* Publicación en Facebook de TB Joshua Ministries, 21 de agosto de 2020

en la que la gente coreaba: «¡Escúchennos! ¡Alejemos este brujo de nosotros! ¡El Monte del Precipicio jamás será humillado por ti, cobarde!».

El ruido continuó incluso mientras el evento se celebraba. Mientras T.B. Joshua predicaba sobre el amor, los grupos religiosos que se oponían a la reunión difundieron este mensjae: «No apoyen a este hechicero. Este es un brujo en nuestra tierra decente».

Incluso después del evento, un grupo de religiosos realizó un «ritual» en el Monte del Precipicio, afirmando que estaban limpiando el lugar bíblico utilizando sal, agua y hojas.

No obstante, T.B. Joshua continuó hasta terminar lo que el Señor le había enviado a hacer en Nazaret, pronunciando allí el nombre de Jesucristo en público después de 2000 años. ¡La sanidad, la liberación, las señales y las maravillas tuvieron lugar en Su nombre!

Entonces los llamaron y les ordenaron que no hablaran en absoluto ni enseñaran en el nombre de Jesús. Pero Pedro y Juan respondieron y les dijeron: Si es justo ante Dios escucharos a vosotros más que a Dios, juzgadlo vosotros. (Hechos 4:18–19)

Como dijo T.B. Joshua sobre este acontecimiento:

> Solo tienes que escuchar «¡Ve!» de lo Alto, es decir del Cielo. ¿Quién eres tú para decir que no? Cuando Dios dice sí, ningún hombre puede decir no. El ruido del norte y del sur, el ruido del este y del oeste no importa. Tan solo promueve.[32]

Tuvimos el privilegio de observar cómo se desarrollaban estos acontecimientos ante nuestros ojos. De hecho, incluso desde el punto de vista de la planificación y la organización, a menudo parecía que el evento no iba a poder seguir adelante. Pero el Profeta T.B. Joshua había escuchado la palabra de Jesús diciendo, «¡ve!». Como explicó a uno de los miembros del equipo que se preguntaba si el evento podía llevarse a cabo, para él ya había ocurrido en el Cielo. Simplemente teníamos que mantenernos firmes en la fe.

---

32 Ibid.

La vida es un campo de batalla

Suspensión en YouTube

En 2021, Emmanuel TV se había convertido en el canal cristiano general más visto de YouTube, con sus videos traducidos a varios idiomas y vistos colectivamente más de mil millones de veces. Sin embargo, en abril de 2021, YouTube cerró el canal, citando sus Lineamientos de la Comunidad que prohíben el «discurso de odio».

Muchos suscriptores expresaron su conmoción y sorpresa inundando las redes sociales con peticiones para que YouTube restituyera a Emmanuel TV en su plataforma. Algunos dieron a conocer su descontento por la decisión en artículos para la prensa africana. Por ejemplo, un artículo se quejaba, refiriéndose a YouTube:

> Afirman que sus acciones se basaron en el «discurso de odio» de un video de liberación. Un video que para un verdadero creyente es un inspirador testimonio de transformación.[33]

Otros comentaristas plantearon su preocupación por las implicaciones más amplias para todos los que puedan tener valores cristianos conservadores. Por ejemplo, Noah Pitcher, redactor de Política Global de Today News Africa, una organización internacional de noticias con sede en Estados Unidos, centrada en la política estadounidense-africana, reflexionó:

> La etiqueta de discurso de odio puede sentirse vagamente definida, omnicomprensiva y abierta a la interpretación subjetiva... Esto suscita muchas preocupaciones entre las comunidades religiosas sobre si los pastores pueden ser castigados por la mera lectura de las enseñanzas de las Escrituras.[34]

La Asociación de Prensa Nigeriana Americana también se pronunció, calificando de «discriminatoria» la decisión de Google (empresa matriz de YouTube).[35]

Con este telón de fondo de posibles tensiones y conflictos, T.B. Joshua

---

33 *The Tyranny of Social Media Giants and Modern Persecution of the Church* [La tiranía de los gigantes de las redes sociales y la persecución moderna de la Iglesia], The Maravi Post, 17 de abril de 2021
34 *YouTube walks dangerous line between tolerance and censorship...* [YouTube camina por la peligrosa línea que separa la tolerancia y la censura...], Today News Africa, 21 de abril de 2021
35 *YouTube ban was 'work of God' – TB Joshua* [La censura de YouTube fue una «obra de Dios» - T.B. Joshua], The Nation (Nigeria), 19 de abril de 2021

abordó la cuestión directamente en una reunión de Socios de Emmanuel TV, animando a sus seguidores a apreciar y orar por YouTube:

> Lo que ha ocurrido es una bendición. Quiero que me ayuden a orar por YouTube. ¡Oren por ellos!. No los vean de otra manera; véanlos como amigos. Tenemos que ser fuertes.
>
> Humanamente, sé que la forma en que ustedes lo ven no es la forma en que yo lo voy a ver. Lo veo de manera diferente. Recuerden orar por YouTube. Muchos de ustedes hoy, si no fuera por YouTube, probablemente no estarían aquí. Fue a través de YouTube que vieron a T.B. Joshua y pudieron venir aquí. Por favor, oren por ellos. Mírenlo de otra manera.[36]

Continuó explicando que, como cristianos, todo lo que estamos viviendo es para prepararnos para el futuro. Lo que importa no es lo que dice un bando o el otro, sino lo que dice el futuro. Debemos llevar toda respuesta a Dios en la oración.

Una vez más, el Profeta T.B. Joshua no perdió su enfoque en su relación con Dios. Como dijo el apóstol Pedro:

Los que sufren según la voluntad de Dios deben comprometerse con su fiel Creador y seguir haciendo el bien. (1 Pedro 4: 19)

Publicidad gratuita

T.B. Joshua nunca hizo publicidad de sus sermones o servicios religiosos y, sin embargo, consiguió atraer la atención de todo el mundo. ¿El secreto? La persecución.

> Deja que la gente te anuncie. No luches. Si realmente eres genuino, todo lo que la gente diga de ti — ya sea que te condenen, estropeen tu nombre o te alaben — es para tu bien.[37]

John Fletcher, un colega cercano de John Wesley quien trató temas controvertidos hace casi 300 años, hizo una observación similar, reflexionando profundamente sobre cómo la oposición de satanás trabaja para el bien del Evangelio:

---

36 *My Response to Emmanuel TV's Suspension on YouTube* [Mi respuesta a la suspensión de Emmanuel TV en YouTube], Publicación en Facebook de TB Joshua Ministries, 18 de abril de 2021
37 Cuenta oficial de Twitter de TB Joshua, 18 de abril de 2017

Cuanto más se exalta al dios de este mundo degenerado en oposición a la verdad, más dispone a todo corazón sincero para recibirla. El Evangelio es esa roca eterna sobre la que se funda la Iglesia, y contra la que nunca podrán prevalecer las puertas del infierno; y aunque esta roca es atacada por innumerables huestes de enemigos visibles e invisibles, sus repetidos asaltos solo sirven para demostrar, con creciente certeza, su inquebrantable firmeza y absoluta impenetrabilidad.

Una clara visión del bien soberano, tal como se nos presenta en el Evangelio, es suficiente para hacerlo universalmente deseable. Sin embargo, el velo de la falta de atención oculta, en gran medida, este bien soberano, y las brumas del prejuicio lo oscurecen por completo. Pero por la conducta inhumana de los perseguidores del cristianismo, sus falsas acusaciones, sus complots secretos y su crueldad sin parangón, estas nieblas se disipan con frecuencia, y estos velos se rasgan en dos de arriba abajo.

El error se expone involuntariamente a la vista del mundo; mientras que todo observador imparcial, atraído por los encantos de la verdad perseguida, examina su naturaleza, reconoce su excelencia, y finalmente triunfa en la posesión de esa perla inestimable que una vez despreció. Así, las lágrimas de los fieles y la sangre de los confesores han servido generalmente para esparcir y alimentar la semilla del reino.[38]

El compromiso mejora la fe

La fe activa hace que las cosas que están en contra nuestra sean a nuestro favor.

En efecto, aquellas cosas que pretenden venir contra el pueblo de Dios pueden trabajar para su avance. La fe debe ser probada en una situación real. Cuando te mantienes en tu compromiso a través de la prueba, Jesús te dará más fe.

Este capítulo termina con las palabras de un poderoso sermón de T.B. Joshua, que explica por qué la persecución es inevitable y revela la profunda relación entre la fe y el compromiso.

---
38 Fletcher, J. (1804). *The Portrait of St. Paul* [El retrato de San Pablo]. Kirk & Robinson. pp. 116-7

EL COMPROMISO MEJORA LA FE

T. B. Joshua, Servicio dominical de La SCOAN, 12 de agosto de 2018

Juan 15:18–19 — *Si el mundo os aborrece, sabed que a mí me ha aborrecido antes que a vosotros. Si fuerais del mundo, el mundo amaría lo suyo; pero porque no sois del mundo, antes yo os elegí del mundo, por eso el mundo os aborrece.*

El mundo odia a los discípulos de Jesús, y tú eres uno de los discípulos. Si eres un seguidor de Jesús, aunque estés en el mundo, no eres parte de él. Por eso el mundo te odia, porque no eres parte de todo lo que representa el mundo. Hay una barrera entre nosotros y todo lo que hay en el mundo si eres un discípulo.

En el instante, en el momento en el que nos identificamos con Jesucristo y lo aceptamos como nuestro Señor y Salvador genuinamente, el mundo nos odiará. La evidencia de que recibes a Jesús verdaderamente, genuinamente, es que el mundo te odiará. El mundo actualmente bajo el control satánico te odiará de la misma manera que odia a Jesús.

Algunos dirían: «¿Por qué debemos sufrir y morir después de que Jesús ganó la victoria en la cruz y sufrió por nosotros?». La respuesta se encuentra en Juan 15:20, donde Jesús dijo:

Un siervo no es mayor que su amo. Si a mí me persiguieron, a vosotros también os perseguirán.

Cualquiera que proclame que no debe sufrir debido a lo que Jesús hizo por él está contradiciendo lo que Jesús dijo. En otras palabras, estamos diciendo que cuando recibimos a Jesucristo como nuestro Señor y Salvador, estamos aceptando la ciudadanía en el Cielo y la muerte aquí en la tierra. Un total compromiso es lo que Jesús requiere a lo largo del Evangelio.

La doctrina que dice que no habrá sufrimiento, ni desafíos de salud, ni dificultades, no está en consonancia con la Palabra de Dios, porque un hombre puede estar enfermo en el cuerpo, y aún ser un candidato al Cielo, un amigo de Jesús. Un hombre puede ser pobre y sin embargo ser un favorito del Cielo.

La vida es un campo de batalla

No permitas que tu situación te gobierne. Muchos hoy en día, cuando están enfermos, empiezan a ver a Jesús en una mala luz. Hay momentos buenos y difíciles por igual en nuestro caminar con el Señor, cuando las cosas van bien y cuando las cosas toman el otro camino. Aprendemos mejor cuando las cosas toman el otro camino que cuando las cosas siguen nuestro camino.

No podemos separar la batalla de la salvación. La verdadera salvación nos pondrá en conflicto directo con satanás. El día que hagas un compromiso total con Jesús, habrás declarado la guerra a satanás. Al identificarte con Jesús de Nazaret, te has convertido en un enemigo acérrimo de satanás.

Una vez que Jesús nos compra, nos convertimos en extranjeros aquí en la tierra —forasteros. Habrá una barrera entre nosotros y todo lo que hay aquí en la tierra. ¿Cuál es la barrera? No puedes ir donde Jesús no será bienvenido; no puedes decir lo que Jesús no querría escuchar; debes ir allí donde Jesús sea bienvenido.

Antes de que puedas ser aceptado, el compromiso pide a Jesús que te acepte. Dices: «Señor Jesús, soy un pecador. Lávame con tu preciosa sangre; salva mi alma», y dejas de fumar, de ir a clubes nocturnos, de pelear y de vivir con celos. Sin embargo, hasta que tu corazón no acepte lo que dices, no eres tal de corazón.

El compromiso pide a Jesús que te acepte.

Hay muchas cosas que has hecho o que proclamas que has hecho, pero no eres tal de corazón. Por ejemplo, aceptaste a Jesús como tu Señor y Salvador, y dejaste de fumar, pero sigues fumando en tus sueños. Vives una vida restringida; no eres libre; es decir, siempre vives con impulsos, impulsos por esto y aquello. Dices: «Soy un hijo de Dios», pero te encuentras bebiendo alcohol o acostándote con diferentes mujeres en tus sueños. Eso es porque no eres tal de corazón.

El compromiso se levanta como un puente, como una conexión, un mediador, como un intermediario entre nosotros y Jesús. Compromiso significa, «creer con todo el corazón». En el momento en que haces un compromiso serás puesto a prueba para ver si realmente crees lo que estás diciendo. ¿Eres real, o te estás engañando a ti mismo?

Cuando te mantienes en tu compromiso a través de las pruebas, Jesús te dará más y más fe a medida que avanzas. La fe es un don puro de Dios. No puedes crecer en la fe sino haces un compromiso. Solo la fe agrada a Dios.

Si eres un cristiano, un creyente, un pastor, un obispo, un profeta, o si estás a punto de serlo, en cada paso debe venirte una sugerencia del Espíritu para que la acción se realice. Yo soy un siervo. No puedo dictar el tipo de dirección, la posición, o lo que hay que decir; no puedo decidir qué sufrimiento soportar.

Si planchas tu ropa y dices que te pondrás esto el lunes y aquello el martes, ¿cómo sabes que vivirás para ver esos días, cuando eres un extranjero, un siervo, un forastero aquí en la tierra? Ese es uno de los mayores insultos que le damos a Dios.

¿Cuál es la posición de Dios? El día que te levantes y digas: «Lo siguiente, yo no lo sé, está en Tus manos Dios», entonces eres un cristiano, un seguidor de Dios. El temor de Dios estará allí.

A nosotros nos pertenece el ahora; a Dios le pertenece el futuro. Tú te haces cargo del ahora; Él se hace cargo de tu futuro. Puedes empezar ahora. Deja tu «siguiente» para Dios.

Dios puede usar cualquier medio

«¡Unge agua! ¡Esta Agua de Unción llegará a lugares difíciles de alcanzar!».

Tal fue la instrucción recibida de Dios. Fue una instrucción en justicia que salió de T.B. Joshua al buscar el rostro de Dios Todopoderoso en la Montaña de Oración y como tal fue bañada en una ferviente y efectiva oración.

Agua de Unción

En el período comprendido entre la primera serie de eventos Evangelísticos internacionales (cruzadas) en diferentes países hasta 2007 y la segunda serie de dichos eventos, que comenzó de nuevo en 2014, se produjo el lanzamiento del «Agua de Unción», a veces conocida como «Agua de la Mañana». Comenzando en frascos más grandes, pronto los frascos se reducirían en tamaños en los que podrían ser transportados oficialmente en un avión.

¿Por qué agua? Bueno, Dios puede usar cualquier medio, y como T.B. Joshua señaló, se puede aplicar agua de forma segura en diferentes partes del cuerpo.

El efecto de esta instrucción fue inmenso; por ejemplo, el Agua de Unción que se daba gratuitamente a los visitantes de La SCOAN aparecía en testimonios de todo el mundo, representando diferentes idiomas, culturas, zonas horarias y experiencias cristianas.

Este regalo gratuito era controversial para algunas personas y totalmente aceptable para otras partes de la Cristiandad.

Estas áreas son misteriosas. Por ejemplo, el Agua de Unción es, en un sentido (químicamente), agua ordinaria. Sin embargo, en otro sentido, ¿cómo podría ser ordinaria? No salió de la reunión de una junta directiva con números, cuotas, precios y plazos. La unción que hay detrás es auténtica y poderosa.

Comisionados para viajar

Como evangelistas del glorioso Evangelio de nuestro Señor y Salvador Jesucristo y bajo la dirección del Profeta T.B. Joshua, llegó un momento en que fuimos enviados a lo largo y lo ancho del mundo para predicar el Evangelio y para orar por los enfermos y afligidos en el nombre de Jesucristo usando el medio del Agua de Unción.

A principios de octubre de 2010 fuimos a visitar La SCOAN en Lagos. Había sido un momento difícil en el que los diversos ataques contra el ministerio habían hecho ruido en nuestro país, y enviamos la solicitud para ir, orar y para buscar el rostro de Dios en un lugar de fe como ese.

Fue estupendo estar allí, pero también interesante porque estábamos esperando y no sabíamos qué estábamos esperando. Intentamos ser pacientes, pero ese tiempo se transformó en un momento de prueba. En una conversación privada entre nosotros, recordamos las ocasiones en que; cinco o seis años antes, habíamos visitado Rusia para animar a los creyentes de allí y ayudar a algunos a visitar La SCOAN, y lo mucho que habíamos disfrutado al conocer a los creyentes rusos.

Justo antes de salir hacia el aeropuerto, recibimos una llamada para que fuéramos a la oficina de T.B. Joshua. Lo que ocurrió a continuación fue como si estuviera sacado de la Biblia:

... Entonces uno de los siervos dijo: No, rey señor mío, sino que el profeta Eliseo está en Israel, el cual declara al rey de Israel las palabras que tú hablas en tu cámara más secreta. (2 Reyes 6:11–13)

Entramos en el pequeño despacho de T.B. Joshua, conscientes de que se trataba de un encuentro con un profeta. Hasta hoy creemos que T.B. Joshua no sabía lo que iba a decirnos cuando ingresamos. Lentamente, tomó una bolsa con frascos de Agua de Unción, hizo una pausa, esperó, pareciendo (ante nuestra embelesada observación) estar escuchando, y luego la llenó hasta que hubo once o doce. Entonces llegó la instrucción en justicia:

«Ustedes son evangelistas. ¡Vayan a Rusia! Déjenme orar por ustedes».

Lentamente, deliberadamente, unió nuestras manos, las sostuvo y oró: «Padre, encomiéndate a su protección, fortalece su deseo por Cristo». Fue un mandado, una comisión, para «mostrar lo que el agua puede hacer». La fe, la paz y un inmenso sentido de propósito inundaron nuestros corazones, e incluso en el aeropuerto de Lagos esperando para embarcar, empezamos a investigar cómo «hacerlo realidad».

Lo que siguió fue nuestro lanzamiento de dos años de viajes itinerantes, principalmente a países de habla rusa.

A través de los fríos y remotos páramos de la Rusia asiática, hasta los bordes de Uzbekistán, desde pequeños apartamentos de una habitación en Kazán con cincuenta personas hacinadas, hasta lugares de reunión cristianos escondidos en Karaganda en las vastas estepas que componen Kazajistán, los creyentes, que a menudo se reunían todavía de forma algo secreta, habían oído hablar de T.B. Joshua y querían experimentar la unción de Dios.

Las reuniones, fueran grandes o pequeñas, seguían un formato similar: un tiempo de predicación de los Evangelios, a menudo basado en el ciego Bartimeo (Marcos 10:46-52), la mujer cananea (Mateo 15:21-28) o el hombre bajado por el tejado (Marcos 2:1-12), para guiar a la congregación a centrarse en Jesús y pedir Su misericordia. Seguidamente, mostrábamos videos (con traducción al ruso) de testimonios con la oración utilizando el Agua de Unción y de la oración masiva de La SCOAN. La congregación se ponía de pie y se unía a la oración masiva. Este hecho casi siempre resultaba en que algunas personas manifestaban espíritus malignos y luego proclamaban la sanidad.

También era una oportunidad para explicar que no había ninguna teología particular relacionada con el agua y que el Agua de Unción no estaba a la venta: Dios puede ungir cualquier cosa, y no se puede vender la «unción». El propio T.B. Joshua explicó que cualquier pago por el agua, o incluso por su envío o entrega, la convertiría en «agua ordinaria». Muchos creyentes de diferentes países y de diferentes condiciones sociales, especialmente los que eran pobres, entendieron esto de forma muy sencilla.

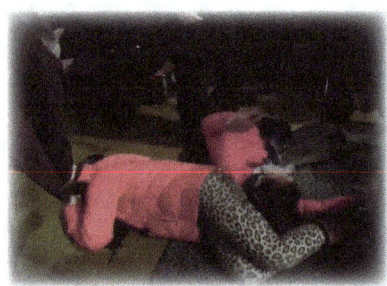

Reacciones a la oración con el Agua de Unción

Fue en uno de esos lugares remotos, con la nieve cayendo libremente, donde pudimos ver el crudo poder de Dios, más allá de la cultura, más allá de la raza, más allá de la comodidad. La congregación se acercó y esperó expectante en una fila. El agua fue rociada sin un toque humano. Nada más que pronunciar esas palabras, «¡En el poderoso nombre de Jesucristo!», la gente empezó a gritar, a llorar y a abalanzarse una y otra vez. La transición de estar de pie con pulcritud y cortesía hacia la de exhibir ira, rabia e incluso un comportamiento animal con ruidos siniestros era instantánea.

Una de esas señoras, que se abalanzaba repetidamente sobre nosotros y gruñía mientras orábamos y rociábamos el agua, sería la que al día siguiente daría testimonio de una notable mejora en su salud física.

El ladrón no viene sino a robar, matar y destruir. Yo he venido para que tengan vida, y para que la tengan en abundancia. (Juan 10:10)

Algunos testimonios

Sería difícil cuantificar el número de veces que vimos u oímos testimonios de seguimiento después de orar rociando esta agua. Personalmente, experimentamos la protección de Dios y una mejora significativa en nuestra condición física cuando tuvimos problemas de salud durante nuestros viajes.

Kirguistán

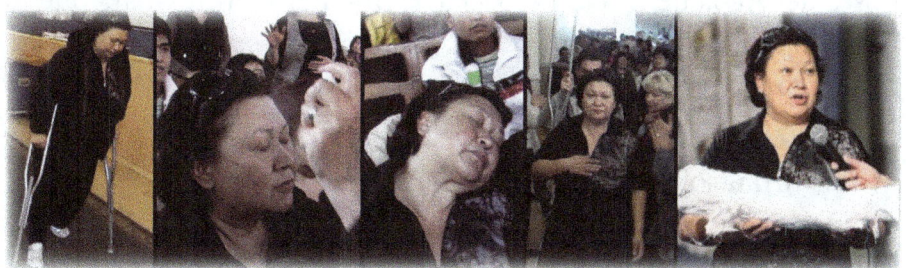

Sanidades en Kirguistán

Los recuerdos más destacados incluyen la sanidad de una señora con una rodilla dislocada y fracturada en una gran reunión de la iglesia en Kirguistán. Llegó para el registro de la oración usando muletas, sin poder poner ningún peso en la pierna lesionada, y le hicimos una entrevista completa. La animamos a permanecer en la fe y la sentamos al fondo de la sala. Le explicamos que iríamos hacia ella durante el tiempo de la ministración para rociar el agua, creyendo en Dios para que redujera su dolor. Lo que sucedió fue sorprendente. Jesús entró en escena; ella pareció caer casi en trance y luego se levantó con alegría y confianza y bajó las escaleras sin sus muletas y subió al escenario. Después, quiso que le quitaran las vendas y la escayola, ¡una enfermera local lo realizó!

Ucrania

También hubo testimonios de personas que recibieron el «fruto del vientre», tras haber estado sin hijos durante muchos años. En una visita a una iglesia en Ucrania en septiembre de 2012, tuvimos la alegría de grabar tres testimonios de «bebés milagrosos» en ese momento. Durante un tiempo, hubo un Agua de Unción especial designada por el Profeta T.B. Joshua para el fruto del vientre, y esto se mostró en cada uno de los testimonios.

A una mujer se le había diagnosticado un quiste grande en los ovarios y los médicos le habían aconsejado no concebir. Sus informes médicos y las exploraciones mostraban claramente el quiste grande. Habíamos orado por ella en el nombre de Jesús usando el Agua de Unción en un servicio en Ucrania a finales de 2010. También le habíamos dado un frasco del Agua de Unción especial «Fruto del Vientre» para que lo usara en casa. Tres meses más tarde, concibió y, en septiembre de 2012, su hija completamente sana había cumplido nueve meses.

Otra pareja también recibió el milagro a través de la ministración del Agua de Unción, pero de una manera diferente. El pastor de la iglesia había regresado de una visita a La SCOAN a principios

Testimonios del «Fruto del Vientre» en Ucrania

de marzo de 2011, trayendo consigo un poco del Agua de Unción del «Fruto del Vientre». Inspirado por lo que había presenciado en La SCOAN, celebró un servicio de oración por el «fruto del vientre» en su iglesia, pasando un pañuelo que había ungido con el agua. El niño fue concebido apenas un mes después de esa oración de fe.

La tercera pareja eran unos pastores. Después de intentar sin éxito buscar un segundo hijo, su primer hijo tenía 18 años, también oraron con el Agua de Unción que trajeron de la visita del pastor Dima a La SCOAN. Descubrieron después de un mes que estaban esperando un bebé.

Otro testimonio de Ucrania

El pastor Dima volvió a visitar La SCOAN en noviembre de 2011 para compartir su testimonio y también para pedir a Dios un avance en el ministerio sobrenatural para toda la iglesia. Recibió una profecía de T.B. Joshua durante el servicio, explicando cómo Dios lo usaría en su nación.

Luego, cuando se reunió con T.B. Joshua al final de su visita, recibió una impartición en la que sintió que el poder de Dios descendía a sus manos. Ciertamente, hubo un avance espiritual en su iglesia a su regreso.

Pakistán

Un pastor ruso nos conectó con una iglesia en Pakistán, donde también llevamos el Agua de Unción. Los testimonios se extendieron a las comunidades agrícolas rurales. El Rev. Khalid Jamali nos envió este testimonio después de una de nuestras visitas:

> Fui a la aldea de Chathian Wala, donde pastores de búfalos viven allí. Todos tienen entre diez a treinta búfalos, pero una mujer solo tenía un búfalo. La fuente de sus ingresos provenía de ese búfalo que estaba a punto de morir. Esto sucedió aquella vez que estuvimos allí para una reunión con el Agua de Unción. La señora asistió a la reunión y le di Agua de Unción para que le aplicara. Cuando el búfalo la bebió, a los dos minutos se puso bien y la mujer comenzó a llorar de felicidad y alegría.[39]

Al año siguiente, pudimos visitar esa aldea y registrar algunos otros testimonios del uso del Agua de Unción, incluida la historia de un joven llamado Zahid. Los ingresos de su familia procedían de un campo de trigo a las afueras del pueblo, que los insectos habían echado a perder. No podían costear el rociar la zona con insecticida, pero con fe en la sangre de Jesucristo, rociaron el campo con Agua de Unción. El trigo creció y ese año obtuvieron una cosecha récord.

Testimonio agrícola en Pakistán

En el barrio densamente poblado de Kahna Nau, en Lahore (Pakistán), seguimos al pastor a través de una puerta que daba a un patio en mal estado, donde vimos a un joven estirado en un colchón. El hombre, llamado Shahzad, nos miró. Nos sorprendió saber que llevaba meses

---
39 Comunicación privada a través de correo electrónico, 4 de septiembre de 2012

tumbado con una grave herida anal que empeoraba cada semana.

Gary rápidamente roció con el Agua de Unción la herida, también rociamos un poco en una botella de su propia agua para usarla más tarde, y lo animamos a permanecer en fe en Jesucristo.

Al volver seis meses después, escuchamos su increíble testimonio hablado en urdu.

«Tuve una herida en las nalgas durante siete meses. No podía ir al baño. Todo el tiempo estaba acostado en mi cama. Oré a Dios para que me ayudara. El año pasado, ustedes vinieron con el Agua de Unción de T.B. Joshua, y el hermano Gary roció un poco de ella sobre mi herida. Unos días después, se curó por completo.

Todo en mi vida se normalizó. Recibí la sanidad a través de esta Agua de Unción, por el poder de nuestro Señor Jesucristo».

Testimonio de sanidad en Pakistán

Algunas aventuras

En medio de nuestro recorrido por la antigua Unión Soviética hasta llegar a Khabarovsk, cerca de la frontera con China, íbamos a experimentar un ataque inusual. T.B. Joshua recordaba a menudo a la iglesia que, como creyentes, no hay «tiempo libre». Necesitamos a Jesús en cada área de nuestras vidas en todo momento.

Sed sobrios y velad, porque vuestro adversario el diablo anda como un león rugiente, buscando a quién devorar. (1 Pedro 5:8)

La noche anterior, habíamos orado por muchos con el Agua de Unción y habíamos visto algunos casos dramáticos de liberación. Volvimos al alojamiento del pastor para descansar antes de nuestro largo viaje. La hospitalidad cristiana rusa es famosa, y al llevarnos al aeropuerto, el pastor se aseguró de que comiéramos bien. El restaurante local tenía una atracción estrella, un gran oso enfadado en una jaula que pronto descubriríamos que no era nada segura. Nuestro anfitrión quería que posáramos para una foto, y de manera reacia accedimos. Fiona nos explica lo que ocurrió después:

El oso ruso enfadado

De repente veo que Gary se tambalea, e instintivamente lo alejo (justo a tiempo). La jaula no estaba en buen estado, y el oso clavó sus dientes en el brazo de Gary a través de su abrigo (un ataque maligno destinado a cortarle el brazo, como nos explicó más tarde un amigo cazador sudafricano). Este era el brazo de Gary, tan utilizado para el Evangelio en todo el trabajo de traducción, edición de postproducción de las grabaciones de caridad, etc., por no hablar de la pulverización con el Agua de Unción. La herida era profunda, la sangre fluía, y saqué el Agua de Unción y rápidamente rocié el brazo. En el examen médico, la herida era demasiado profunda para suturarla; había que vendarla regularmente. La cicatriz sigue presente en el brazo de Gary. Fue, sin duda, ¡un ataque maligno!

El Agua de Unción suscitó reacciones interesantes entre los que nos invitaron a orar. Al final de un largo viaje en avión hasta lo que parecía el otro lado del mundo se encuentra la antigua colonia penal de la isla de Sajalín, entre el continente asiático ruso y Japón. Mientras nos preparábamos para la reunión, nos dimos cuenta de que en la sala contigua se estaba produciendo una discusión algo animada entre el pastor y otros líderes. «¿Qué pasa con esta agua? ¿Realmente la utiliza Dios? ¿Es teológicamente sólida?». No estaba claro si se nos permitiría orar con el agua, pero, gracias a Dios, pudimos explicar que «todo giraba en torno a Jesús» —el agua era solo un símbolo para ayudar la fe de la gente— y nos concedieron el beneficio de la duda.

Un cantante ruso de gospel de Estados Unidos había sido convocado para dirigir el mismo servicio para invitados. No se le habló de nosotros ni a nosotros de él. El pastor había hecho una «doble reserva». Fuimos capaces de ver el lado divertido de esto, y de hecho Dios estaba en control. El cantante de gospel resultó ser de lo más útil, y se implicó a fondo en la ministración, actuando como traductor de algunos de los grandes testimonios. Al día siguiente, junto con el pastor que se había mantenido firme en la ministración del Agua de Unción, fuimos todos a la playa en la nieve. Los grabamos mientras daban cálidos saludos navideños a los televidentes de Emmanuel TV.

En una pequeña reunión en Ucrania, nuestro traductor era un imponente caballero con una abundante barba negra. Al principio nos saludó cordialmente, pero cuando llegó el momento del servicio en el que mostramos el video explicativo sobre el agua ungida, que mostramos en todas partes, reaccionó de forma extraña. Sentado en la parte delantera, se levantó dramáticamente cuando el video presentaba a T.B. Joshua haciendo una demostración de la oración para la sanidad utilizando el agua, nos miró con desprecio y se marchó. No volvimos a verlo. ¿Qué ocurrió? En efecto, fue una respuesta espiritual a la obra de Dios en la pantalla. El pastor anfitrión no hablaba inglés, pero uno de los miembros del equipo que organizaba la reunión tenía cierto dominio de la lengua inglesa, e intervino como si no hubiera pasado nada. La reunión prosiguió y terminó con Raisa, una babushka

(abuela) anciana que había acudido al servicio utilizando un bastón. Raisa se retiró del lugar tirando el bastón y marchándose felizmente en bicicleta.

En una reunión en el Reino Unido, se hallaba una señora que se mostraba tranquila, de modales impecables. Lo sabíamos porque habíamos pasado una hora con ella mientras compartía sus preocupaciones sobre su hijo; parecía la señora más agradable posible. Al llegar a la línea de oración, la rociamos con el Agua de Unción y a la mención del nombre sobre todo nombre, Jesucristo, nos encontramos con una persona diferente. Gritando, reaccionó y dejó salir una larga sarta de palabras de lenguaje soez y acusaciones perversas: «Fornicador malvado, lo sé todo sobre ti». Gritando y vociferando, la mujer avanzó decidida. ¿Qué estaba pasando? Era el momento de la línea de oración, y el medio utilizado por el Espíritu Santo para separar la luz de las tinieblas era el Agua de Unción. La señora fue maravillosamente liberada de ese demonio que la había estado atormentando a ella y a su familia.

Otros testimonios del Agua de Unción

Los testimonios de la obra de Dios a través del Agua de Unción se convertirían en una característica habitual de los servicios en directo de La SCOAN por Emmanuel TV. Un joven de EE.UU. (un país que sufre un exceso de muertes por opioides y alcohol) describió su historia con una dramática representación mostrada por Emmanuel TV.

Como joven enfrentado a las vicisitudes de la vida, la pérdida del empleo, los recuerdos infelices de la infancia, la pobreza y las relaciones fallidas, Chris empezó a beber en exceso y a tomar sobredosis de pastillas. Acabó en urgencias y tuvo la suerte de seguir vivo. Luego inició un nuevo camino: conoció Emmanuel TV y comenzó a ver las enseñanzas bíblicas y a unirse a la oración masiva durante los servicios en directo.

Participación a distancia en la Oración Masiva

¿Qué ocurrió después? Chris lo explica:

Conocí a un evangelista de La SCOAN. Me dio un frasco del Nuevo Agua de la Mañana del Profeta T.B. Joshua. Cuando llegué a casa, empecé a administrármela y a aplicármela todos los días, creyendo en Dios para sanidad y liberación. Y obtuve esa sanidad. Un par de meses después, pude deshacerme de todas las pastillas. Hace casi seis años que no tomo medicamentos. Ahora, me siento libre y bien. Antes estaba deprimido y tenía tendencias suicidas.

Ahora, trabajo con todo tipo de niños que crecieron en medio de dificultades como yo. Damos de comer a los sin hogar, ayudamos a los ancianos y hacemos todo tipo de cosas estupendas. Estoy muy agradecido de que Dios haya utilizado al Profeta T.B. Joshua para traer el Agua de la Mañana a mi vida y sanarme y liberarme. Si Dios puede hacerlo por mí, puede hacerlo por ti.[40]

Un poco del Nuevo Agua de Unción fue entregada en enero de 2021 para recorrer el mundo. Los socios de Emmanuel TV en todo el mundo recibirían esta Agua de Unción como un regalo gratuito y la ministrarían, a menudo a través de videollamadas por teléfono, a los enfermos de otros países siguiendo el ejemplo de fe. Pronto se acumularían los testimonios y se fortalecería la fe de un número cada vez mayor de personas, por no hablar de las muchas vidas sanadas, liberadas y bendecidas.

Animados al ver a T.B. Joshua sosteniendo el Agua de Unción en la Montaña de Oración y los testimonios en video que llegaban de diferentes países, algunos socios de Emmanuel TV pusieron su fe en marcha. Por ejemplo el caso en que rociaron el agua en la pantalla del teléfono durante una conversación con una mujer de otro país de habla rusa, ella estaba perdiendo peso y energía rápidamente debido a graves reacciones alérgicas que experimentaba cada vez que ingería alimentos normales. La sesión de oración fue grabada, por lo que la reacción quedó a la vista de todos. Al manifestarse y caer al suelo, las ganas de «vomitar algo» eran irresistibles.

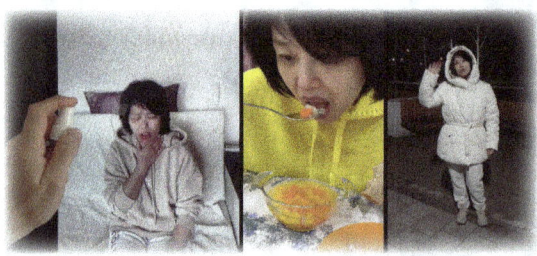

Testimonio de sanidad desde Crimea

Al levantarse y limpiarse la boca, Tatiana de Crimea supo que algo había pasado. Con seguridad, preparó una comida típica de verduras y pescado, la primera en muchas semanas, y, alabado sea el Señor, no experimentó ninguna reacción adversa. Siguió comiendo con normalidad y volvió a disfrutar de los paseos.

---

40 Durante una transmisión en vivo en 2020. Confirmado a través de comunicación personal

Reuniones de «Fruto del Vientre»

Durante uno de nuestros largos periodos de estadía en La SCOAN, hubo dos grandes reuniones de «Fruto del Vientre». El 5 de diciembre de 2008, el auditorio se llenó de parejas potencialmente embarazadas y de aquellas que ya estaban «embarazadas» y que habían venido a orar por un parto seguro.

Una pareja esperanzada, el señor Pieter y su esposa, de Sudáfrica, con un historial documentado de infertilidad de larga duración, se encontraba entre los visitantes internacionales. Habían recibido la oración, pero antes de seguir adelante, T.B. Joshua se dirigió primero hacia el contenedor ornamental situado frente a la zona del altar. Este contenía fruta fresca, colocada allí antes de cada día de servicio. Tomando un poco de esta «fruta ungida», se la dio a la pareja para animar su fe.

Testimonio tras el servicio del «Fruto del Vientre» de 2008 en La SCOAN

De vuelta a su país, concibieron de forma natural y se alegraron de anunciar su embarazo. Todo marchó bien, y dieron la bienvenida a su hermoso bebé antes de que terminara el año 2009. En 2010 visitaron La SCOAN para mostrarlo y también fueron acompañados por otros miembros de la familia. Se pudo ver al pequeño observando contento el servicio dominical mientras sus padres daban gloria a Dios públicamente por esta gloriosa respuesta a la oración.

El encuentro del Fruto del Vientre 2009 comenzó con un tiempo dedicado a escuchar los testimonios del año anterior y a ver los bebés milagrosos en los brazos de sus madres. El Profeta T.B. Joshua tomó un gran pañuelo (un manto) y lo pasó de persona a persona; algunos reaccionaron de forma extraña e incluso cayeron al suelo; muchos volvieron en los meses siguientes con sus testimonios de oración contestada tras ese encuentro. En efecto, vimos que Dios podía usar cualquier medio.

Objetos ungidos en la Biblia

Tras una ferviente oración y un genuino deseo de que la unción en su vida alcanzara a más personas, T.B. Joshua hizo uso de diferentes «objetos ungidos» durante más de veinticinco años.

El objeto no es lo importante sino la unción. Nuestra experiencia en el uso de estos objetos ungidos a lo largo de los años nos ha enseñado a apreciar que «las oraciones fervientes y eficaces de un hombre justo valen mucho» (Santiago 5:16), en lugar de apuntar a una nueva teología. El poder de Dios que experimentamos, por ejemplo, en la oración con el Agua de Unción al otro lado del mundo desde Nigeria, nos mostró una y otra vez que no era diferente a los pañuelos enviados por el apóstol Pablo (Hechos 19:11).

Dios puede usar cualquier medio:

- En Hechos 19:11-12, Dios usó el medio del pañuelo y de los delantales de Pablo para sanar a los enfermos.
- En Éxodo 14:16, Dios usó el medio del bastón de Moisés para dividir el Mar Rojo.
- En Hechos 3:6, Dios usó la voz de sus siervos, Pedro y Juan, para levantar a un lisiado.
- En 2 Reyes 5:14, Dios usó el medio de un río sucio para sanar a Naamán.
- En Hechos 2:1-2, Dios se expresó a través del sonido en el momento de Pentecostés.
- En 1 Samuel 17:49, Dios usó la honda de David para derrotar al gigante Goliat.
- En Juan 9:6-7, Jesús utilizó barro y saliva para sanar a un ciego.
- En Hechos 5:15-16, Dios usó el medio de la sombra de Pedro para sanar a los enfermos.

Dios puede usar cualquier medio

Antes de la introducción del Agua de Unción, el ministerio había utilizado, por ejemplo, la arena, los grifos de agua, el aceite perfumado, los pañuelos ungidos, los llaveros con las escrituras, las calcomanias, las notas de los sermones y la zona del altar en el santuario de la iglesia como «puntos de contacto» para ayudar a la fe de las personas.

Uno de ellos, los llaveros con las Escrituras transcriptas, proporcionó a Fiona un poderoso testimonio:

El llavero estaba en el pequeño coche que conducía cuando fue atropellado por un enorme camión el 31 de enero de 2003, el día antes de que llevara a un pequeño grupo a visitar La SCOAN. Solo recuerdo que el coche voló por los aires, dio tres vueltas de campana y se posó casi suavemente en el carril exterior de una concurrida autopista. Tuve que ser sacada del coche por los servicios de emergencia, pero no resulté herida (salvo algunos moretones), y nadie más resultó herido.

Habría un flujo frecuente de testimonios similares de la protección de Dios de los accidentes de coche con el Agua de Unción en particular.

Uno de los primeros videos que se exponía regularmente a los visitantes de La SCOAN mostraba una situación en la que una de las notas del sermón semanal de la iglesia servía como objeto de unción. Una madre con su bebé recién nacido, aparentemente sin vida, llegó a La SCOAN en un taxi. Cuando se colocó la nota del sermón sobre el pequeño cuerpo, se pudo ver el resplandor de la cálida carne viva que aparecía mientras el bebé cobraba vida.

Posteriormente hubo otros «puntos de contacto»: Grifos para dispensar «agua viva» en el altar de la iglesia, brazaletes de fe, la «Tarjeta del Creyente», tocar la pantalla durante la transmisión en directo de la oración masiva dentro de los servicios dominicales y en videoclips en línea, así como la tradicional «imposición de manos» de T.B. Joshua y de otros ministros de Dios en formación en La SCOAN. Más recientemente, ha seguido la oración interactiva «a distancia» desde los estudios de Emmanuel TV.

¿Eran todas estas cosas controversiales? Por supuesto, pero esto solía ocurrir cuando se prestaba demasiada atención al objeto que se ungía.

Como decía el folleto que se entregaba a los visitantes para acompañar el Agua de Unción/de la Mañana,

> El Agua de Unción es solo un símbolo, no el poder en sí mismo. No es el agua la que sana, libera, bendice y salva, sino el propio Dios Todopoderoso, dado que la unción se hace en su nombre.
>
> Antes de ministrar el Agua de Unción, debe haber fe tanto en la persona que ora como en la persona por la que se ora.

El evangelista Bill Subritzky de Nueva Zelanda fue uno de los primeros visitantes extranjeros en La SCOAN. Llevó a un grupo de ministros allí para ver el poder de Dios y llegar a una decisión desde una mente independiente. En aquella época, había un servicio mensual conocido como el servicio de la «Sangre de Jesús», en el que el Profeta T.B. Joshua oraba y luego ungía algunos grifos de agua y el agua que salía de ellos, y la gente venía a tocar o beber el agua creyendo en un milagro.

En respuesta a varias críticas teológicas que había recibido sobre este fenómeno, escribió:

> La evidencia de su creencia viene de sus liberaciones inmediatas del poder de los demonios. Esta creencia en el poder de la sangre de Jesús es similar a la ejercida por aquellos sobre los que se pusieron delantales después de tocar el cuerpo de Pablo. Debido al poder de la sangre, los demonios abandonaron a la gente y fueron sanados. Está claro en las Escrituras que Dios, en su gracia y misericordia, puede utilizar objetos inanimados como paños de oración y agua para la liberación y la sanidad. Vemos la evidencia de esto en el toque del ataúd por parte de Jesús, por el cual el hijo de la viuda fue levantado de la muerte. Lo vemos en el poder de su manto y en el poder de las aguas de Betesda. Había poder en la arcilla que Jesús puso en los ojos del ciego y había poder en Su saliva cuando la puso en los ojos del ciego. Había poder en las aguas del Jordán cuando Naamán fue curado. Del mismo modo, había poder en los huesos del difunto Eliseo cuando la persona muerta que los tocaba volvía a la vida. Había poder en el manto de Elías y había poder en el cabello de Sansón. También hubo poder en la vara de Moisés cuando se convirtió en una serpiente. Hubo poder en la vara de Aarón

cuando tocó el polvo y se convirtió en piojos.[41]

Hemos visto que, efectivamente, el uso de objetos ungidos, y en particular el Agua de Unción, permitió que la unción de Dios en la vida de T.B. Joshua llegara a muchas más personas y lugares de lo que hubiera sido posible de otra manera. También ha dado, a los que ministran el Agua de Unción en la sanidad y en la liberación a otros, experiencia de «trabajar con el Espíritu Santo» para ayudarlos potencialmente a crecer para recibir y mantener más unción ellos mismos.

Sello de la firma de A.A. Allen

Durante nuestro tiempo de viajes y reuniones itinerantes en América, tuvimos el privilegio de encontrarnos con un Abuelo de la fe, un anciano evangelista de la sanidad, C.S. Upthegrove, cuyo ministerio se extendió durante más de 55 años. Había trabajado estrechamente con muchos de los renombrados evangelistas de sanidad de los años 50 en América, especialmente con A.A. Allen en su iglesia en Miracle Valley. Introducido en el ministerio por su hija, comenzó a mirar Emmanuel TV. Asombrado por lo que vio, aceptó una invitación de T.B. Joshua y hacer el largo viaje a África (un continente que nunca había visitado) para conocer La SCOAN.

En el transcurso de esa visita, hubo dos ocasiones notables para que esta «leyenda viviente» enseñara a partir de su larga experiencia y sabiduría sobre la obra de Dios en su vida. C.S. Upthegrove explicaba acerca de un 'General de Dios' del pasado, A.A. Allen, que recibía tantas peticiones de oración y quería responder a todas personalmente, por lo que había hecho un sello de firma personal. Explayándose más, lo explicó a todos los que estaban en la iglesia y lo veían por Emmanuel TV:

> Cuando me lo entregaron, expresé: «El Espíritu del Señor sigue en ese sello». Dios puede utilizar cualquier cosa, les dije: puede utilizar palos y piedras, huesos de hombres muertos; utiliza el agua. Él utiliza las sombras, y Él utilizó este sello en las manos de A.A. Allen. Y cuando me lo pasaron, lo atesoré y lo guardé. Mis hijos me lo pidieron: «Déjalo para nosotros, papá». Yo les

---
41 *TB Joshua Miracles [Los Milagros de T.B. Joshua]*, Página web de Dove Ministries

contesté: «No, esto no es para la herencia de los hijos. Esto es para pasarlo a otro profeta de Dios».[42]

Los años pasaron. Sin embargo, el sello de la firma permaneció en su poder hasta el momento cuando reverentemente C.S. Upthegrove se lo entregó al Profeta T.B. Joshua, durante el servicio dominical en vivo del Domingo de Pascua, el 8 de abril de 2012.

C.S. Upthegrove presenta el sello de la firma de A.A. Allen a T.B. Joshua

Describió cómo A.A. Allen había profetizado antes de su muerte:

> Un día iba en el automóvil con A.A. Allen, y me miró y dijo: «Hermano Upthegrove, puede que yo no esté vivo cuando esto suceda, pero creo que tú sí». Y comenzó a describir este lugar. Empezó a hablar de un hombre que saldría bajo la unción y el poder del Dios Todopoderoso. Además, describió todos los milagros que he presenciado desde que estoy aquí.[43]

Predicando dinámicamente, se podía ver su fuerza aumentando visiblemente mientras animaba a todos los presentes a vivir por encima del miedo, la duda, la condenación y la incredulidad. Más tarde, en una entrevista completa con un equipo de evangelistas, haría un relato fascinante de todas sus experiencias en la obra del Señor y expresaría una vez más su alegría por haber conocido a T.B. Joshua en vida.

La Fuente de Poder

Este poder de Dios no se ejerce a voluntad; está bajo la instrucción del Espíritu Santo, la tercera persona de la Trinidad. Dios utiliza personas «aptas» que están a disposición de Dios, dispuestas a Su voluntad y no la nuestra.

Hay un misterio en la forma de actuar del Espíritu Santo. Sin embargo,

---

42 *God's General CS Upthegrove Visits Prophet TB Joshua SCOAN* [El general de Dios CS Upthegrove visita al profeta TB Joshua en La SCOAN]. Canal de YouTube de CS Upthegrove, 11 de sept. de 2013
43 Ibid.

Dios puede usar cualquier medio

hay pruebas de una relación «más profunda» con Dios, ya que T.B. Joshua dedicó gran parte de su vida en oración para mantener la unción que recibió de Dios, rodeado de la naturaleza en la Montaña de Oración. A menudo decía: «Me entrego a la oración» (Salmo 109:4).

El agua, y cualquier otro objeto ungido, se mantendría junto al altar con los guerreros de oración en la Montaña de Oración, bañados y saturados en oración.

Muchas personas venían a La SCOAN buscando poder o unción para sus ministerios. Ciertamente recibirían una impartición, pero mantener cualquier impartición requiere más compromiso, devoción y dedicación. Como el Profeta T.B. Joshua explicó a un grupo de pastores extranjeros que visitaban el país en el año 2000:

> Todo el mundo puede recibir el Espíritu Santo, pero Dios está mirando su futuro. La cuestión es mantenerse. Es mejor no recibir el Espíritu Santo que recibirlo y luego perderlo.
>
> ¿Has preparado cada área de tu vida para el Espíritu Santo?
>
> Para mantener la unción, entra en un pacto con Dios para ser humilde, obediente y fiel al pie de la letra para siempre. Es entre tú y Dios. Necesitamos estar más comprometidos con Dios, necesitamos ser más serios.[44]

También ha explicado que es necesario estar cimentados en la Palabra de Dios, la Biblia, antes de recibir la unción del Espíritu Santo:

> Me encuentro con muchas personas que expresan el deseo de ser llenos del Espíritu; aplaudo ese deseo, pero hay un problema. El mayor problema es que debes estar cimentado en la Palabra antes de ser lleno del Espíritu, de lo contrario no habrá nada allí para que el Espíritu te recuerde, estarás vacío.[45]
>
> Si quieres vivir en el Espíritu, mantente en la Palabra, permanece en la Palabra, satúrate con la Escritura y te encontrarás desbordado del Espíritu.[46]

---

44 *The Holy Spirit* [El Espíritu Santo], Video VHS Divine Lecture 4, La SCOAN, 2000
45 *Power from Above* [Poder de lo alto], Folleto de La SCOAN (MPG) basado en un sermón del 3 de abril de 2016
46 *How to be filled with the Holy Spirit* [Cómo ser lleno del Espíritu Santo], T.B. Joshua, 9 de septiembre de 2018, Servicio Dominical

¡Hay poder en el nombre de Jesús! Ese nombre puede hacer que las fuerzas demoníacas retrocedan y huyan, pero solo cuando se ejerce de la manera correcta.

> El nombre de Jesucristo ciertamente tiene poder, pero solo entre aquellos que están comprometidos con la gloria de Dios.

La oración y el uso demasiado rápido de la «imposición de manos» pueden convertirse en una misión peligrosa, como se ilustra claramente en este pasaje de la Biblia:

Pero algunos de los judíos, exorcistas ambulantes, intentaron invocar el nombre del Señor Jesús sobre los que tenían espíritus malos, diciendo: Os conjuro por Jesús, el que predica Pablo. Había siete hijos de un tal Esceva, judío, jefe de los sacerdotes, que hacían esto. Pero respondiendo el espíritu malo, dijo: A Jesús conozco, y sé quién es Pablo; pero vosotros, ¿quiénes sois? Y el hombre en quien estaba el espíritu malo, saltando sobre ellos y dominándolos, pudo más que ellos, de tal manera que huyeron de aquella casa desnudos y heridos. Y esto fue notorio a todos los que habitaban en Efeso, así judíos como griegos; y tuvieron temor todos ellos, y era magnificado el nombre del Señor Jesús. Y muchos de los que habían creído venían, confesando y dando cuenta de sus hechos. Asimismo muchos de los que habían practicado la magia trajeron los libros y los quemaron delante de todos; y hecha la cuenta de su precio, hallaron que era cincuenta mil piezas de plata. Así crecía y prevalecía poderosamente la palabra del Señor. (Hechos 19:11–17)

T.B. Joshua explica que los siete hijos de Esceva son ejemplos para nosotros de aquellos que profesan afinidad o cercanía a Cristo según la carne, mientras permanecen sin cambios en el corazón y la vida. Las cosas pueden ir bien hasta cierto punto, pero entonces un día vendrá la dura oposición: «*A Jesús lo conozco, y sé de Pablo, pero ¿quién eres tú?*», es decir, «¿Con qué autoridad? ¿Qué autoridad tienes para mandarnos? ¿Quién te ha dado tal autoridad? ¿Qué derecho tienes a declarar la autoridad de Jesús, viendo que desobedeces sus instrucciones?».

Así aprendemos que el nombre de Jesús solo tiene realmente autoridad en nuestros labios cuando también está plantado en nuestro corazón.

Entender estas realidades nos llevó a cambiar nuestra comprensión de la teología cristiana lejos de nuestro anterior punto de vista «carismático moderno». Por ejemplo, vimos que no hay que separar el fruto y los dones del Espíritu Santo. La ilustración popular de que los dones del Espíritu Santo son como los regalos colgados en un árbol de Navidad, y el fruto como la fruta que crece en un árbol frutal, no es útil. Más bien, el fruto lo es todo.

Un don sobrenatural puede parecer lo mismo externamente, pero si va acompañado del fruto de la carne, es de satanás, y si va acompañado del fruto del Espíritu Santo, es del Espíritu Santo.

El ejemplo del Apóstol Pablo

El libro de los Hechos no es mera historia; es el modelo de lo que Cristo quiere que sea su iglesia hoy.

En el libro de los Hechos se nos cuenta con cierto detalle la historia de un Apóstol controversial. Este no es el San Pablo de las famosas basílicas de Roma, ni de los hermosos cuadros religiosos de los museos de Europa Occidental, de las fiestas e incluso del conocido tratado sobre el amor del libro de 1 Corintios que se lee en tantas bodas. Este es el Pablo «crudo», que explicaba que *las señales han sido hechas entre vosotros en toda paciencia* (2 Corintios 12:12). No tenía una mega-iglesia, y mucha gente hablaba en contra de su ministerio. Al final de su vida, este discípulo de Jesús, que se describe a sí mismo como uno nacido «fuera del tiempo», seguía siendo un personaje controversial, abandonado con frecuencia por los creyentes y contra el que se hablaba. En 2 Timoteo 1:15, Pablo dice: *Ya sabes esto, que me abandonaron todos los que están en Asia.*

Se lanzaron falsas imputaciones contra Pablo, incluida una acusación específica de que había introducido a griegos (gentiles) en el templo y lo había profanado. Los creyentes judíos de Jerusalén animaron a Pablo a cumplir con algunos aspectos tradicionales de la religión judía, con lo que se esperaba disipar cualquier rumor contra él al estar ceremonialmente limpio en el templo. Sin embargo, a pesar de eso, hubo falsas acusaciones de que había profanado el templo al llevar a un creyente griego gentil al interior. Esta falsa acusación se menciona muchas veces. En Hechos 24:14 se relata que Pablo es llevado por las autoridades ante un gobernante llamado Félix. Haciendo frente a la oposición y a la pena de muerte, comentó serenamente, refiriéndose a Jesucristo:

Pero esto te confieso, que según el Camino que ellos llaman herejía, así sirvo al Dios de mis padres, creyendo todas las cosas que en la ley y en los profetas están escritas.

Los versículos 5 y 6 reflejan cómo se hicieron falsas acusaciones contra él:

Porque hemos hallado que este hombre es una plaga, y promotor de sediciones entre todos los judíos por todo el mundo, y cabecilla de la secta de los nazarenos. Intentó también profanar el templo; y prendiéndole, quisimos juzgarle conforme a nuestra ley.

El Apóstol Pablo supo desde el principio de su revelación de Jesucristo que iba a sufrir por Él. Encarcelado en Roma, era un condenado, esperando el martirio que seguramente llegaría. Pablo, según nos cuenta el libro de los Hechos, trató de utilizar las Escrituras de entonces (lo que los cristianos conocen actualmente como el Antiguo Testamento) para persuadir a los judíos de Roma que lo visitaban a fin de que escucharan su defensa. Cuando llegó bajo arresto domiciliario a Roma, donde iba a pasar los últimos años de su vida condenado a muerte, los judíos acudieron para escucharlo porque, como se expresa en Hechos 28:22:

...porque de esta secta nos es notorio que en todas partes se habla contra ella.

Este controvertido creyente que tuvo su encuentro radical con Jesucristo en el camino a Damasco, según entendemos, fue finalmente decapitado bajo la persecución cristiana en Roma.

Pero este no fue el final de la historia. El Apóstol Pablo había escrito las famosas cartas que han pasado a formar parte del canon de las Escrituras. Catorce de los veintisiete libros del Nuevo Testamento se han atribuido tradicionalmente a Pablo. Hoy, estas epístolas (cartas) siguen siendo raíces vitales de la teología, el culto y la vida pastoral en

Dios puede usar cualquier medio

todas las tradiciones cristianas.

Sin embargo, fue tres siglos después de la muerte de Pablo, en el Sínodo de Hipona del año 393 d.C., cuando se reconoció formalmente la unción de la enseñanza del Apóstol Pablo al incluir estas epístolas en el canon de las Escrituras. Ahora nos resulta fácil ver la importancia de los escritos de Pablo, pero en aquella época no era tan evidente.

Hechos 19:11-12 nos dice que:

Y hacía Dios milagros extraordinarios por mano de Pablo, de tal manera que aun se llevaban a los enfermos los paños o delantales de su cuerpo, y las enfermedades se iban de ellos, y los espíritus malos salían.

Así que además de la controversia y la persecución, la forma en que Dios utilizó los objetos ungidos que Pablo había tocado es una similitud que podemos ver entre su ministerio y el de T.B. Joshua.

El Apóstol Pablo tenía instrucciones del Espíritu Santo diferentes a las de los apóstoles de Jerusalén, y esto causó, según nos dice la Biblia, conflictos y malentendidos. El mensaje del Evangelio tenía que ir a los gentiles, pero en aquella época, muchos seguidores de «el Camino» solo se centraban en los creyentes judíos.

Mientras miramos a través de los pasillos del tiempo, estamos agradecidos de que el Apóstol Pablo eligió no ser definido por su cultura y educación, sino que fue obediente a la Santa Comisión.

T.B. Joshua dijo:

> Lo que la gente no entiende, lo insulta; lo que la gente entiende, lo destruye. Oro para que la gente no te entienda.

La Biblia y el Espíritu Santo

Es esencial tener una comprensión espiritual de la Biblia. Es diferente a cualquier otro libro.

T.B. Joshua manifestó que cualquiera puede entrar en una librería con algo de dinero y comprar una Biblia, pero la santidad contenida en la Biblia no está en venta. Y la Biblia no debe entenderse de la misma manera que un libro de texto de química o historia. Es necesario acercarse a la lectura de la Palabra de Dios con un corazón humilde y sincero.

Este capítulo termina con el siguiente sermón, que explica con más detalle la relación vital entre la Biblia y el Espíritu Santo.

> ### LEER LA BIBLIA, LEER AL ESPÍRITU SANTO
>
> *T. B. Joshua, Servicio dominical de La SCOAN, 1 de julio de 2018*
>
> 2 Pedro 1:20–21: *entendiendo primero esto, que ninguna profecía de la Escritura es de interpretación privada, porque nunca la profecía fue traída por voluntad humana, sino que los santos hombres de Dios hablaron siendo inspirados por el Espíritu Santo.*
>
> Como cristianos, este es nuestro estándar para la vida: la Santa Biblia. Pero debido a la manera en que nos manejamos con la Biblia, es fácil ver que no conocemos la diferencia entre la Biblia y otros libros; no conocemos la diferencia entre la Biblia y la historia, química o literatura. Simplemente creemos que debemos leerla como cualquier otro libro.
>
> Pero la Biblia en sí misma, es la Letra inspirada por el Espíritu de Dios. Así como el Señor infundió Su Espíritu en ciertos hombres, así infundió Su Espíritu en ciertos libros. Por lo tanto, cuando lees la Biblia, lees al Espíritu Santo.
>
> Los hombres santos eran llevados por el Espíritu de Dios mientras hablaban el mensaje que venía de Dios. Si has de leer la Biblia, debes ser llevado por el Espíritu Santo. Cuando oramos y leemos sin ninguna atención o consideración por el Espíritu Santo, no Le damos el lugar correcto que Le pertenece, sabiendo cuán importante Él es para nosotros. Cuando lees sin la atención del Espíritu Santo, no tiene sentido para ti porque estás leyendo historia, acontecimientos, lo que pasó en

Jerusalén, lo que le pasó a Jeremías, lo que le pasó a Jesucristo.

El Espíritu Santo es el más sensible de los seres y es fácilmente lastimado por la falta de atención y consideración. Dios es Espíritu, y Sus adoradores deben adorarlo en espíritu y en verdad. Antes de leer la Biblia, debemos buscar la atención del Espíritu Santo porque la Biblia es la herramienta en las manos del Espíritu Santo.

Dios nos habla a través de Su Palabra, por Su Espíritu. Él te llama a través de Su Palabra, por Su Espíritu. Él te susurra a través de Su Palabra, por Su Espíritu. Él te saluda a través de Su Palabra, por Su Espíritu.

Romanos 9:1: *Digo la verdad en Cristo, no miento, mi conciencia da testimonio en el Espíritu Santo.*

Esto significa que el Espíritu Santo es un Comunicador, y nuestro corazón es el punto de contacto. El Espíritu Santo no puede comunicarse con un corazón lleno de amargura, falta de perdón, odio o malos sentimientos hacia los demás. Puedes leer la Biblia cien veces, en tanto que guardes resentimientos hacia cualquiera, la Biblia no tiene sentido para ti. Somos muy buenos leyendo la Biblia, pero Dios no necesariamente recompensa a las buenas personas, inteligentes, brillantes o ricas; Él recompensa a las personas obedientes, a las que hacen de la Palabra de Dios el estándar para sus vidas.

¿Puedes ver de dónde vienen tus desafíos y problemas, por qué no puedes invitar al Espíritu Santo a tu corazón? Sin la Biblia, ¿cómo vas a llegar a Dios, tener acceso a Dios o hablar con Dios? Sin la Biblia, no hay Cristianismo, ni hijo de Dios, ni creyente, ni nacido de nuevo. La Biblia es nuestro estándar.

Hazte esta pregunta: «¿Por qué la Biblia no cobra vida para algunos de nosotros hoy en día?». La Biblia ya no puede cobrar vida debido a la falta de perdón que albergamos: amargura, envidia, celos y malos sentimientos hacia los demás. Cobrar vida significa entender y saber lo que es leer para la salvación, la sanidad, la liberación y todas las bendiciones de Dios.

¿Cómo puede la Biblia llegar a ser real para nosotros? Lee la Biblia tan a menudo como sea posible; continua meditando en ella hasta que se vuelva realidad para ti; léela lentamente, repetidamente y atentamente; no es como cualquier otro libro. Cuando leas la Biblia, deja a un lado tus conocimientos; tu espíritu debe actuar en la Palabra para ser parte de la Palabra, porque la Palabra de Dios refresca nuestra mente, y el Espíritu de Dios renueva nuestras fuerzas. Incluso aunque nuestro razonamiento pueda rechazarla, que nuestro corazón la ansíe. Jesús necesita tu corazón; ese es el lugar de contacto.

A todos los corazones que están en esclavitud (esclavitud de la falta de perdón, esclavitud de la envidia, esclavitud de los celos): libera tu espíritu para que puedas seguirlo.

Haz lo que Cristo instruye en Mateo 5: 23-24:

Por lo tanto, si estás ofreciendo tu ofrenda en el altar y allí recuerdas que tu hermano o hermana tiene algo contra ti, deja tu ofrenda allí delante del altar. Primero ve y reconcíliate con ellos, luego ven y ofrece tu ofrenda.

Sin la libertad, la libertad de tu corazón, estás llamando a un Dios que no conoces, y tu lectura de la Biblia no tiene sentido.

El Profeta en la montaña

¿No has sabido, no has oído que el Dios eterno es Jehová, el cual creó los confines de la tierra? No desfallece, ni se fatiga con cansancio, y su entendimiento no hay quien lo alcance. El da esfuerzo al cansado, y multiplica las fuerzas al que no tiene ningunas. Los muchachos se fatigan y se cansan, los jóvenes flaquean y caen; pero los que esperan a Jehová tendrán nuevas fuerzas; levantarán alas como las águilas; correrán, y no se cansarán; caminarán, y no se fatigarán. (Isaías 40:28–31)

Profeta T.B. Joshua en la Montaña de Oración en el Estado de Ondo

¿De dónde viene el poder para ver la carrera hasta el final? De esperar en el Señor. La vida es un maratón, no una carrera de velocidad.

Tras un tiempo de oración en la Montaña de Oración en el Estado de Ondo, cerca de su pueblo, T.B. Joshua habló a los espectadores de Emmanuel TV desde la montaña el 30 de diciembre de 2020, refiriéndose a la importancia del hábito y de permanecer cerca de la naturaleza:

> Todo hombre justo simplemente tiene grandes hábitos. El hábito es un don de Dios. Desde el principio de mi ministerio, he permanecido cerca de la naturaleza. La naturaleza aumenta la espiritualidad.
>
> Daniel oraba tres veces al día de rodillas (Daniel 6:10).
>
> El salmista oraba siete veces al día (Salmo 119:164).
>
> Los discípulos de Jesucristo oraban el primer día de cada semana (Hechos 20:7).
>
> Estos eran sus hábitos.

La Montaña de Oración

«Tendrás tu propia Montaña de Oración». Esta instrucción proviene del encuentro del Profeta T.B. Joshua con Jesús durante un ayuno de 40 días en 1987 en la montaña física donde solía orar, cerca de su ciudad natal en el estado de Ondo.

La selva cruda (monte) con excremento de animales, telarañas, la caricia del calor húmedo, hojas enormes y la vegetación verde; insectos y pájaros, monos y tucanes, lluvia tropical, tormentas eléctricas, cabañas de bambú y sencillos botes; esa tierra virgen de las afueras de la megalópolis de Lagos era el lugar en el que se encontraba la primera cabaña de oración y la humilde morada donde el hombre de Dios, vestido con una sencilla túnica blanca, pasaba horas de su día y de su noche en oración ante el Señor Dios, que le había dado un destino tan profundo. Los santos y los ermitaños de antaño buscaban los lugares solitarios, y desde allí ejercían su ministerio.

Desde este lugar cercano a la naturaleza, pero también a la gente, la iglesia comenzó en 1989. En 1994, se trasladó a su ubicación actual, a

El Profeta en la montaña

poco menos de tres kilómetros de distancia. T.B. Joshua iba y venía del «Antiguo Sitio», ahora conocido como la Montaña de Oración, muchas veces al día. De hecho, su nombre era muy apropiado, ya que se trataba de una «montaña espiritual».

Regresaba a la sencillez y a la soledad de la Montaña de Oración para estar con Dios en la naturaleza, sea que viniera desde un servicio en el auditorio principal de la iglesia con miles de visitantes de hasta cincuenta países diferentes o desde uno de los eventos del estadio en otros países.

Un hombre de oración; así fue como las noticias de T.B. Joshua y los milagros bíblicos cruzaron los océanos. «Hay un hermano cristiano en Lagos, Nigeria; vive sencillamente en un pantano en el monte. El Espíritu Santo le indica por quién debe orar, y él los ve en visiones. Lo llaman profeta porque habla palabras precisas de Dios».

Los visitantes internacionales de La SCOAN se reunían para subir al autobús. Desde su primera llegada, preguntaban: «¿Podemos ir a la Montaña de Oración?». Las respuestas eran enigmáticas: «Como el Espíritu Santo lo indique», ahora nos dirigíamos girando por las calles atestadas de compras y ventas por todas partes. Caminando por la pasarela de madera de un puente se llegaba a la selva, al agua (recuperada del pantano) y a la primera «Tierra de Misericordia» con arena. Allí tomamos un pequeño bote hacia el interior y se podía contemplar la inmensidad de la visión externa y vislumbrar la inmensidad de la visión espiritual.

Fiona disfruta de una visita a la Montaña de Oración en 2004

Disfrutando la oportunidad de visitar la Montaña de Oración, los visitantes encontraban un lugar en la arena y pedían por la misericordia y el favor de Dios. No era un momento para clamores y palabras ruidosas, sino para que la Palabra de Dios traspasara los corazones y las mentes.

En ese sitio, leyendo la Biblia con el corazón abierto, los versículos saltaban de las páginas como el fuego, convirtiéndose en alimento espiritual que había que saborear y nutrir, para ayudarnos a volver al mundo del trabajo y de los desafíos.

Al pasear por los árboles del Jardín de Oración, todos los pensamientos de falta de perdón se alejaban. Esta era una poderosa catedral espiritual donde el Padre Nuestro cobraba vida.

El pan nuestro de cada día, dánoslo hoy. Y perdónanos nuestras deudas, como también nosotros perdonamos a nuestros deudores. Y no nos metas en tentación, mas líbranos del mal; porque tuyo es el reino, y el poder, y la gloria, por todos los siglos. Amén. (Mateo 6:11–13)

Vigilias de oración

Desde los tiempos más tempranos, los miembros de la iglesia se reunían en el «Antiguo Sitio» para las vigilias nocturnas. Entre esos primeros miembros de la iglesia vendrían los primeros guerreros de oración, aquellos que vivirían una vida apartada. No dedicarían su tiempo a hacer ruido y a decir palabras, sino a pedir al Señor Dios del Universo, El que era y es y ha de venir, que proteja y cumpla el destino de ese humilde hombre de Arigidi, del estado de Ondo.

De hecho, hemos observado que incluso los que limpian las instalaciones de la Montaña de Oración son ellos mismos devotos de la oración, siguiendo el ejemplo de la madre de T.B. Joshua, que oraba: «Limpia mi vida, como yo limpio tu casa». La Montaña de Oración no es un lugar ordinario.

Mientras los miembros de la iglesia eran invitados y bienvenidos a orar, la pregunta era siempre cómo orar; ¿qué tipo de oración no es solo «decir palabras»? No era el tipo de oración que establece una «lista de compras» para que Dios la cumpla, o que toma su dirección de la situación inmediata y de sus necesidades aparentes, sino más bien la oración para poner nuestros corazones en línea con la Palabra de Dios:

El Profeta en la montaña

Tómame como soy, oh Señor, Tú aún puedes limpiarme.
Porque nadie es demasiado bueno o demasiado malo para cualificar para la salvación.
Todo lo que necesito es Tú misericordia y Tú favor.
Sucio como estoy, oh Señor, Tú aún puedes limpiarme.
No me consueles hasta que me limpies.
Deja que Tu misericordia y favor hablen por mí.
Crea un corazón limpio en mí y renueva un espíritu fiel dentro de mí.
Oh Espíritu Santo, sopla en mí, para que todos mis pensamientos sean santos.
Oh Espíritu Santo, actúa en mí, para que mi obra también sea santa.
Oh Espíritu Santo, fortaléceme, para defender todo lo que es santo.
Oh Espíritu Santo, guíame, para que siempre pueda ser santo.

[canción]
La oración es la llave; la oración es la llave.
La oración es la llave maestra.
Jesús inició en oración y terminó en oración.
La oración es la llave maestra.

T.B. Joshua asistía a las vigilias de oración y caminaba entre los miembros, a menudo dando profecías personales pero también de alcance nacional o internacional. Recordamos haber asistido a una de esas vigilias en la que dijo: «Nuestro nuevo presidente llevará este "sombrero de Bayelsa"», y señaló a un hombre que llevaba ese sombrero. Meses después, cuando el presidente Goodluck Jonathan fue elegido, nunca se lo vio sin su famoso sombrero, confirmando la profecía.

A medida que se desarrollaban los enormes eventos evangelísticos internacionales (cruzadas), la ubicación de una «Montaña de Oración» en diferentes países era parte integral de la preparación. Por ejemplo, en Colombia, el alojamiento para T.B. Joshua era en una montaña física que poseía un camino de acceso estrecho, y allí, con la naturaleza extendida frente a él y una simple cabaña rústica para dormir, el hombre de Dios oraba. El organizador local hizo referencia específica en su discurso de apertura de la Conferencia de Pastores a cómo este hecho lo había impactado significativamente. Nunca antes había conocido a un predicador internacional invitado que, al llegar, no quisiera que lo llevaran a un hotel para descansar, sino a una montaña para orar.

Llamadas desde la montaña

Cuando viajábamos para orar por la gente con el Agua de Unción, las llamadas que recibíamos de nuestro mentor eran sagradas y normalmente se hacían desde la Montaña de Oración. Eran interacciones santas, no interacciones de negocios. Como sabrá cualquiera que haya tenido el privilegio de recibir una llamada de él, no se trata de conversaciones «ordinarias». Como lo reveló durante un sermón, él está escuchando instrucciones desde arriba al mismo tiempo que dice: «Hola. ¿Cómo estás?». El hombre de Dios equilibra su vida acogiendo la vida de Cristo y repartiéndola.

Una de esas llamadas transformadoras llegó cerca de las 3 de la mañana. Esa noche, después de los primeros servicios con el Agua de Unción en Kazán, Rusia, estábamos durmiendo en literas en un apartamento de una habitación con una familia de cuatro personas. En medio de la noche rusa, sonó el teléfono: «¿Es el doctor Gary? Espere al hombre de Dios». La sonrisa en la voz de nuestro mentor atravesó los kilómetros que separan África de Rusia hasta llegar a esa habitación y preparó el escenario para el resto de nuestro viaje. Se refería a los testimonios que habíamos enviado.

«He visto lo que está ocurriendo; es maravilloso. Deberíais ir de país en país y volver de vez en cuando para recoger más Agua de Unción».

Allí, en la diminuta habitación, junto a las literas, a las 3 de la madrugada, hora rusa, nos arrodillamos sobre la desgastada alfombra para dar gracias a Dios, y la presencia del Espíritu Santo llenó la habitación. Era como si estuviéramos en la Montaña de Oración escuchando una enseñanza bíblica o en el despacho de la iglesia con T.B. Joshua.

Unos meses más tarde, llegamos a Rostov del Don y descubrimos que el pastor había reunido a más de 500 personas, incluidos otros pastores, para una conferencia de sanidad de cuatro días. Nos miramos, ligeramente sorprendidos.

Esa noche, logramos comunicarnos con nuestro mentor por teléfono y le dijimos simplemente: «Señor, hay mucha gente aquí, y están buscando sanidad». La respuesta fue instantánea:

«Jesús está con ustedes; será como si Jesús estuviera allí orando».

Y efectivamente, así fue. Hubo testimonios de personas que dejaron caer sus bastones, que doblaron sus rodillas sin dolor por primera vez en años, que por la artritis no lo habían podido hacer, y muchos otros.

Hay algo sobre una palabra hablada desde el corazón, afectada por el Espíritu de Dios. Las palabras no solo transmiten información, sino que pueden impartir fe y vida. En uno de sus sermones, T.B. Joshua explica los dos «lenguajes» que podemos utilizar:

> Hay un *lenguaje de la Biblia*, que es el lenguaje del corazón, que Dios utiliza para salvarnos, crearnos, juzgarnos y gobernarnos. También está el *lenguaje de hoy*, que utilizamos para chismorrear, dar instrucciones y hacer política.
>
> Cuando usamos el lenguaje de hoy, no tenemos la intención al decir lo que decimos. Pero cuando usamos el lenguaje de la Biblia, lo decimos en serio.
>
> La gente a menudo usa el lenguaje de hoy para orar, y por eso lo que dicen en la oración parece no ser permanente; su oración son meras palabras.
>
> Pero cuando la Palabra está en tu corazón, te preservará de desear el pecado. Necesitamos la Palabra de Dios en nuestro corazón para traer a Jesús a escena.[47]

ENSEÑANZA EN LA CABAÑA DE ORACIÓN

Era el año 2004, nos hallábamos sentados con nuestras Biblias en una pequeña cabaña de oración redonda con techo de bambú en la Montaña de Oración; la puerta se abrió. Para nuestra sorpresa, T.B. Joshua vino y se unió a nosotros. Sentado en el suelo con la espalda pegada a la pared, comenzó a hablar del ejemplo de Daniel en el Antiguo Testamento. No se trataba de una charla o una discusión de

---

[47] *Faith is of Man's Heart* [La fe es del corazón del hombre], T.B. Joshua, 16 de septiembre de 2018, Servicio Dominical

Cabaña en la Montaña de Oración en 2004

negocios, sino de un momento de enseñanza personal.

Muchas veces nos remitimos a nuestros escritos que apuntábamos mientras nos hablaba. Resultaban ser proféticos. De hecho, como enseñaría más tarde en un sermón dominical, la profecía no consiste solo en predecir el futuro, sino también en predicar y enseñar la Palabra de Dios con poder (el poder de cambiar a los oyentes).

«Este es un tiempo peligroso, un tiempo difícil, como el tiempo de Daniel y de Sadrac, Mesac y Abednego. Se acerca el fin del mundo, todo lo que dice la Biblia se está cumpliendo. Pero un tiempo de crisis es un tiempo de placer en el Espíritu.

Cuando se publicó el decreto, los detractores de Daniel fueron a ver su reacción; él seguía orando abiertamente y dando gracias a Dios. Daniel no se quejó antes de entrar en el foso de los leones; no murmuró, no cayó en la autocompasión ni lloró. Tenía todo el derecho de caer en la autocompasión dado que era un cautivo, y su padre y su madre no estaban allí. Pero sabía que antes de que el oro se convierta en oro, tenía que pasar por el horno.

Lo mismo ocurrió con Pablo y Silas: fueron severamente golpeados y no habían hecho nada malo; se podría haber esperado que se autocompadecieran. Siguieron orando a Dios y salieron fortalecidos.

Para los cristianos, Dios siempre da un paso por delante de nosotros. Después de que las pruebas demostraron su creencia, se convirtieron en estadistas. Daniel cenaba con los reyes. Su relación con Dios llegó a un nuevo nivel.

Cada uno tiene sus propios momentos difíciles. Por ejemplo, para el señor A, puede ser la pobreza, para el señor B la

El Profeta en la montaña

enfermedad, para el señor C la depresión y para el señor D la persecución -diferentes crisis. Si la voluntad de Dios es que el Señor A experimente la pobreza, saldrá fortalecido.

¿Cómo sabemos si es la voluntad de Dios? Cuando seguimos a Dios en verdad y en fe, entonces si algo sucede, es la voluntad de Dios. Pero si estamos en pecado, no es la voluntad de Dios.

Si temes o dudas en la prueba, tu dios se convertirá en el dios del miedo o el dios de la duda. Daniel sabía que Dios lo salvaría; por lo tanto, no murmuró. Lo que necesitamos que Dios sea en la prueba es lo que Él es para nosotros. Esto es lo que Dios quiere que sepamos en este momento.

Hay muchas batallas en una guerra. Si superas una batalla, no significa que tengas la victoria completa. En la prueba, Su nombre es «Yo soy el que soy» y «el Firme y Digno de confianza». Dios nunca esquiva una crisis, sino que la ve como un desafío. El rey vio al cuarto hombre en el horno, como el Hijo de Dios.

Dios es el Dios del fuego (Elías en el Monte Carmelo, las lenguas de fuego en Pentecostés, la zarza ardiente, en el Monte Sinaí). Su Palabra se compara con el fuego. La mejor manera de combatir el fuego (el desafío) es con fuego (la Palabra de Dios; la presencia de Dios).

Necesitamos un tiempo de tranquilidad, un tiempo a solas. No en la casa, donde libramos la batalla, sino encontrar un lugar en la naturaleza. Meditar y ver el mundo de manera diferente, un lugar para recibir.

Cualquier dificultad que enfrentemos es para llevarnos a otro nivel. Deja que Dios haga su trabajo; no lo ayudes teniendo una alternativa. Si Daniel hubiera tenido una alternativa, no habrían sabido cuál era el verdadero Dios.

Hay muchos dioses como la infidelidad, la falta de bondad, la duda, el miedo. Estos son ángeles malignos que trabajan contra Dios. Ellos saben que estás en la Montaña de Oración, y están trabajando. Ellos andan buscando gente para su reino. Así que tenemos que velar y orar. Ellos ven que la gente quiere ser fiel y buscan un resquicio de infidelidad para entrar. Entran a través de la duda, de la infidelidad, etc.

Jesús dijo «pasa de mí esta copa», pero el ángel lo corrigió y vio que tenía que ser la voluntad de Dios, no la Suya; los ángeles también están dispuestos para ayudarnos.

Nadie está por encima de los errores; arrepiéntete inmediatamente, entonces no hay registro del mal. No hay registro para quien se da cuenta de sus errores inmediatamente. La forma de reconocerlo inmediatamente es mediante la concienciación a través de la Palabra de Dios. Tu vida, por lo tanto, depende de conocer la Biblia. Es una guía para todo lo que necesitas. Haz de la Palabra de Dios el estándar para tu vida.

La única manera de ser eficaz para Dios es mantenerse enfocado. Tienes que trazar tu curso solo. El plan de Dios para cada uno de nosotros es entre Dios y esa persona. La justicia es un don de Dios. Todo el mundo la tiene; solo hay que ser consciente de ella (como un bolígrafo en el bolsillo). Todo lo que Dios quiere que seas está dentro de ti. Hacer uso de ello es por fe. No hay nada como el fracaso y la duda en Su mente, y estamos hechos para ser como Él.

Cuando te enfrentes a las crisis (que forman parte de la vida), observa lo suficientemente profundo para ver la causa. Cuando se publicó el decreto, Daniel fue a su aposento alto a orar. Habría orado para que el decreto fuera cambiado. Si esta oración hubiera sido contestada, él no habría ido a la guarida de los leones. ¡Compara la gloria de Dios entre el foso de los leones y si esta oración hubiera sido contestada!

Si Dios planea llevarte a donde nunca has estado, y tú estás orando para ir a donde has estado antes, no puedes cambiar el plan de Dios. Daniel no podía orar sobre el foso de los leones porque nunca había estado allí antes. Cuando Daniel fue sentenciado, se mantuvo firme y no cambió su creencia o confianza aunque su oración no había sido contestada. Es mejor no ser específico en la oración.

Cuando lees sobre los Generales de Dios, ellos oraron para que se hiciera la voluntad de Dios, y alabaron a Dios; Pablo y Silas alabaron a Dios; no le pedían a Dios que quitara las cadenas. Hoy en día, cuando pedimos a Dios demasiadas cosas específicas, nos decepcionamos. Deja que el Espíritu Santo haga las peticiones; Él es el intercesor. Jesús oró para que se hiciera la voluntad de Dios en lugar de orar para que pasara la copa.

La experiencia es el mejor maestro. Cada ministro tiene su propia forma de acercarse a Dios».

Un lugar santo

La Montaña de Oración es un lugar físico, pero el concepto va más allá; se trata de un corazón santo, un corazón puro. Por lo tanto, es más que un lugar físico; es un Lugar Santo.

Otro lugar santo en La SCOAN es el área del altar en el auditorio de la iglesia. En los tiempos más tempranos, los miembros de la iglesia se apresuraban a orar allí tan pronto como se cerraba el servicio. Era la época del altar redondo.

Profeta T.B. Joshua ora en el altar de La SCOAN en 2019

Cuando La SCOAN se convirtió en un lugar de peregrinación más importante, de día y de noche, había hombres y mujeres (en zonas separadas) arrodillados reverentemente o tumbados boca abajo, con sus Biblias a los lados, delante del altar. ¿Por qué? Se preparaban para el servicio dominical, alistando sus corazones para recibir.

Tras el desarrollo del altar más nuevo, tendrían lugar los Servicios de Agua Viva, en los que el agua que había sido ungida en el nombre de Jesús se vertía desde los grifos de la parte superior de la zona del altar. Antes de subir las escaleras para recoger esta agua, la gente se postraba en la zona del altar principal. Las sanidades y liberaciones que se producían eran muchas y variadas.

Se corría la voz fuera de la iglesia y entre los visitantes: «Vamos a orar en el altar de La SCOAN». Haciendo una fila pacientemente (que a veces se extendía fuera de la iglesia y a lo largo de la concurrida calle), la gente esperaba su turno.

En uno de los servicios de «Agua Viva», celebrado el lunes 3 de febrero de 2020, una niña de 12 años vio una visión celestial mientras se echaba agua en los ojos en el altar de La SCOAN:

Niña experimenta una visión celestial en el altar de La SCOAN

¡Hay un Hombre allí; es alto! Lleva un vestido blanco, exclamó: «Arrepiéntanse; voy a venir pronto. Traigan gente a mi iglesia; traigan más almas».

Durante todo este tiempo, sus ojos permanecieron cerrados mientras proclamaba:

«Su rostro brilla» y «la luz es demasiado brillante».

De repente, la niña se derrumbó en el suelo y pareció «despertar» del trance. Desconcertada por la atención que la rodeaba, relató emocionada lo que acababa de presenciar.

«En su cabeza había una gran corona y estaba sentado en un trono», observó, añadiendo que vio humo rodeando la escena Celestial.

La jovencita se sorprendió de que nadie más viera lo que ella había visto tan vívidamente.

«La gente está yendo por el camino equivocado; deberíamos traerlos de regreso a la iglesia», suplicó.

«No hay excusa para sorprenderse por la incertidumbre de los acontecimientos que se avecinan», afirmó T.B. Joshua al publicar un video de este encuentro en Internet esa misma semana. «La incertidumbre de la hora del regreso de Cristo exige vigilancia y alerta. No esperemos a que otra señal del Cielo nos convenza de la importancia primordial de aprovechar al máximo la vida de hoy, porque solo el día de hoy es nuestro; el de mañana, no».[48]

Esta visión recuerda en cierto modo algunos sucesos ocurridos muchos años antes en la iglesia de Santa María de Everton, en Bedfordshire, Inglaterra. John Wesley registra en su diario una entrevista con una niña de 15 años llamada Alice, que cayó en un trance de este tipo.

> La encontré sentada en un taburete y apoyada en la pared, con los ojos abiertos y fijos hacia arriba. Hice un movimiento como si fuera a golpear, pero seguían inmóviles. Su rostro mostraba una mezcla indecible de reverencia y amor, mientras lágrimas silenciosas recorrían sus mejillas. Sus labios estaban un poco abiertos, y a veces se movían; pero no lo suficiente como para provocar algún sonido.
>
> No sé si alguna vez he visto un rostro humano tan hermoso; a veces se cubría con una sonrisa, como de alegría, mezclada con amor y reverencia; pero las lágrimas seguían cayendo aunque no tan rápido. Su pulso era bastante regular. Al cabo de una media hora, observé que su rostro se transformaba en una expresión de miedo, de piedad y de angustia, y entonces estalló en un torrente de lágrimas y exclamó: «¡Señor, serán condenados! ¡Todos serán condenados!». Pero al cabo de unos cinco minutos volvió a sonreír, y en su rostro solo aparecieron el amor y la alegría.
>
> Alrededor de media hora después de las seis, observé que la angustia volvía a tener lugar; y poco después lloraba amargamente y gritaba: «¡Querido Señor, irán al infierno! El mundo se irá al infierno». Poco después, dijo: «¡Grita en voz alta! No te olvides de nada». Y en unos instantes su mirada se recompuso y hablaba con una mezcla de reverencia, alegría y amor. Entonces dijo en voz alta: «Denle a Dios la gloria». Alrededor de las siete recuperó el sentido común. Le pregunté:
>
> —¿Dónde has estado?

---

48 *"Jesus Is Coming Soon!" - Little Girl's Shocking Vision From Heaven* [«¡Jesús viene pronto!» - La impactante visión del Cielo de una niña], Publicación en Facebook de TB Joshua Ministries, 6 de febrero de 2020

—He estado con mi Salvador.

—¿En el Cielo o en la tierra?

—No puedo decirlo, pero estuve en la gloria.

—¿Por qué lloraste entonces?

—No por mí, sino por el mundo, porque vi que estaba al borde del infierno.

—¿Quienes deseabas que le dieran la gloria a Dios?

—Los ministros para que clamaran en voz alta al mundo, de lo contrario se enorgullecerían; y entonces Dios los abandonaría, y perderían sus propias almas.[49]

Un profeta en nuestro tiempo

Era enero de 2002 y el servicio en La SCOAN estaba llegando a su fin. El Profeta T.B. Joshua caminaba de un lado a otro en un pequeño balcón elevado en la parte trasera del auditorio, era el lugar donde normalmente él hacía los anuncios sobre las próximas vigilias de oración u otras reuniones. Pero esa vez, había un ambiente especialmente sombrío, en voz baja y sin emoción, advertía a la gente que debía ir directamente a casa. Mencionó específicamente el distrito de Ikeja y se refirió a una profecía anterior que había advertido de explosiones. Como visitante bastante reciente, a Gary le resultó difícil interpretar lo que estaba ocurriendo, pero la gente captó el mensaje y se dispersó tranquila y rápidamente.

Unas dos o tres horas más tarde, se oyó un estallido y vimos el destello de luz en la distancia. Más tarde nos enteramos de que se había producido una explosión masiva en una instalación militar en la zona de Ikeja, en Lagos, con muchos muertos y heridos. A la mañana siguiente, vimos el recinto de la iglesia lleno de personas que habían huido de las zonas cercanas a la explosión, que habían acudido a la iglesia para refugiarse durante la noche. Los trabajadores de la iglesia los consolaron, y T.B. Joshua les proporcionó alimentos, ropa y ayuda económica.

---

49   Wesley, J. (1827), *The Journal of the Rev. John Wesley* [El diario del reverendo John Wesley], Volumén 2. J. Kershaw. Entrada del 6 agosto de 1759, p. 454

El Profeta en la montaña

Esta era otra prueba de que, efectivamente, había un profeta entre nosotros.

Elecciones presidenciales en Ghana

«Mamá Fiona, hermanas», oí unos pasos que corrían sin aliento y luego se abrió de golpe la puerta de la oficina en la que yo y otras personas estábamos ocupadas respondiendo los correos electrónicos, «¡Ha ganado Atta Mills, va a ser el presidente, la profecía se ha cumplido!».

Nos pusimos de pie, regocijándonos, «¡Emmanuel, Dios con nosotros! Dios lo ha hecho».

¿Qué estaba sucediendo? Una palabra profética dada por T.B. Joshua se estaba cumpliendo, y el Presidente de una nación iba a ser investido.

Más tarde, el 11 de enero de 2009, se celebraría un servicio dominical al que asistiría personalmente el presidente Atta Mills apenas cuatro días después de su investidura como presidente de Ghana. Aquí, él daría las gracias públicamente a Dios por el privilegio de estar en el puesto que ahora ocupaba y honraría a T.B. Joshua tanto como amigo y mentor como Profeta de Dios Todopoderoso. He aquí un extracto de lo que le oímos decir ese día:

Presidente Atta Mills de Ghana en La SCOAN el 11 de enero de 2009

> Cuando le dije [al Profeta T.B. Joshua] que nuestras elecciones serían el 7 de diciembre y que existía la posibilidad de que los resultados se anunciaran el 8, el 9 o el 10 de diciembre, me miró durante algún tiempo, sonrió y dijo: «Yo no lo veo así; puedo ver tres elecciones diferentes por delante... y que los resultados se van a declarar en enero». Me preguntaba, si hay una segunda vuelta y la segunda vuelta suele ser el 28 de diciembre, dándonos dos días para que el comisario electoral dé el resultado, ¿cómo es posible que lleguemos a enero? Bueno, mantuve aquellas palabras presentes. Las elecciones se celebraron el 7 de diciembre. Hubo una segunda vuelta el 28 de diciembre, y luego tuvimos

una tercera elección en una circunscripción, y los resultados se anunciaron en enero.⁵⁰

Ese mismo año, más adelante, nos unimos a T.B. Joshua en una visita a Ghana, donde conocimos personalmente al presidente Atta Mills y escuchamos de sus propios labios su testimonio sobre el significado de esa profecía y sobre el ánimo y los consejos que había recibido del profeta.

Una «Gran Estrella»

El domingo 4 de enero de 2009, el Profeta T.B. Joshua reveló un mensaje profético sobre una gran estrella que emprendería un viaje sin retorno:

> Estoy viendo una gran estrella sobre la que el mundo está gritando: «¡Oye, oye, oye!» En su propia área, es famoso, es conocido en todas partes. ¡Grande, demasiado grande! Porque veo que a esa estrella le va a empezar a suceder algo, que puede acabar con él para empacar sus maletas e ir al viaje sin retorno. Pero no sé cuándo será ese viaje.

Hubo otro momento, el 12 de junio de 2009, en el que la advertencia profética se dio de forma más directa. El hombre de Dios había dicho que Michael Jackson necesitaba venir a La SCOAN para ser liberado. Sabía que no todo iba bien y transmitió específicamente este mensaje a través de Tee-Mac, un célebre músico local que era amigo de la familia Jackson.⁵¹

El jueves 25 de junio de 2009, el ícono de la música internacional y la estrella del pop más famosa de los tiempos modernos, Michael Jackson, murió inesperadamente tras sufrir un paro cardíaco en Los Ángeles, California. Vimos la noticia aturdidos, mientras la cobertura de la muerte se reproducía muchas veces en las principales cadenas. Este talentoso músico había traspasado las fronteras para atraer a todas las razas, colores y credos. Conmovidos, vimos las imágenes y nos maravillamos.

El domingo siguiente fue cuando Tee-Mac explicó públicamente

---

50 *Discurso del Presidente de Ghana Atta Mills.* Servicio Dominical de La SCOAN, 11 de enero de 2009
51 *Death In The House: Michael Jackson's Brother Runs to TB Joshua* [Muerte en casa: El hermano de Michael Jackson corre hacia T.B. Joshua], The Nigerian Voice, 2 de Agosto de 2009

durante el servicio de La SCOAN su dolor al enterarse de la muerte, y cómo deseaba haber hecho más esfuerzos para convencer a la estrella de que visitara La SCOAN tras el mensaje personal que le dio el Profeta T.B. Joshua.

Ese mismo año, un miembro de la familia Jackson vino a La SCOAN para presenciar el servicio y conocer a T.B. Joshua en privado. Todo esto sucedió durante uno de nuestros tiempos en los que vivíamos en La SCOAN, y admiramos la forma sensible y discreta en que se manejó esta visita.

Realmente una «gran estrella» había emprendido un «viaje sin retorno».

El Profeta que llora

Sufro con el dolor de mi pueblo; lloro y estoy abrumado de profunda pena. (Jeremías 8:21, NTV)

A principios de septiembre de 2019, en Sudáfrica, se produjo una oleada de ataques de turbas contra extranjeros, muchos de los cuales eran nigerianos. Los disturbios iban en aumento, las represarias y la escalada de violencia parecían inevitables.

En el servicio dominical de La SCOAN del 8 de septiembre, el Profeta  T.B. Joshua no predicó. De hecho, no participó en el servicio, excepto para permanecer en la fila, de la mano del coro de La SCOAN en el escenario, mientras cantaban una canción que él había escrito, titulada ¡África Únete! Estaba visiblemente emocionado y derramó lágrimas durante la canción:

> *África, únete*
> *[África recuerda de dónde venimos]*
> *África, únete*
> *[África, unámonos]*
> *Nos necesitamos el uno al otro*

*Nos necesitamos los unos a los otros para crecer
África, únete
El Sur no puede lograrlo solo
El Oeste no puede hacerlo solo
El Este no puede lograrlo solo
El Norte no puede hacerlo solo
Nos necesitamos el uno al otro
Nos necesitamos los unos a los otros para crecer
África, únete*

Durante las dos semanas siguientes, La SCOAN recibió a unos 200 «repatriados» nigerianos en la iglesia para escuchar sus testimonios y darles un apoyo tangible en forma de donaciones en efectivo por un total de 15 millones de nairas. Las historias de los repatriados explicaron el impacto de la canción y las lágrimas del Profeta T.B. Joshua:

> Antes de esa canción del Profeta T.B. Joshua, había ira en la comunidad nigeriana. Enviábamos mensajes a Nigeria, compartíamos videos horribles y llamábamos a nuestra gente a vengar los ataques. Pero después de la canción, fui liberado de esa ira, malicia y agravios. Fue una auto-liberación. Me di cuenta de que nuestro enemigo no es la apariencia física, sino personas que no tienen carne ni sangre, son seres espirituales.
> (señor Stanley, repatriado nigeriano)[52]

> Las lágrimas que el Profeta T.B. Joshua derramó el domingo pasado durante la transmisión en vivo del Servicio Dominical salvaron muchas vidas.
> (señor Nwaocha, repatriado nigeriano)[53]

> Fueron las lágrimas del hombre de Dios las que hicieron que la policía se uniera a nosotros para salvarnos de los atacantes. Debemos mostrar amor unos a otros.
> (señor Ogbonna, repatriado nigeriano)[54]

---

[52] *South Africa returnees narrate ordeals* [Los que retornaron de Sudáfrica narran sus sufrimientos], P.M. News (Nigeria), 20 de septiembre de 2019
[53] *South African returnees get financial aid, succour from SCOAN* [Los que retorranron de Sudáfrica reciben ayuda financiera y socorro de La SCOAN], Nigerian Tribune, 15 de septiembre de 2019
[54] Ibid.

La Era de la Pandemia

El «Resort Campo de la Fe», o «Montaña de Oración», fue un proyecto que tardó muchos años en desarrollarse. El «monte» pantanoso fue drenado con gran esfuerzo por los trabajadores, que a menudo trabajaban en simples botes a mano para eliminar los juncos. Con el tiempo se creó una extensión de agua. Con sus pequeñas islas, este lago se convirtió en un refugio para las aves, y la puesta de sol vería el aire lleno de ellas. También se podían observar pequeños monos, pavos reales y antílopes, así como gallos ornamentales.

Montaña de Oración a principios de 2021

Poco a poco, la gran zona del Jardín de Oración surgió con nuevos árboles elegidos para dar sombra a los peregrinos que oraban. Se crearon canales de drenaje especiales para que las lluvias tropicales pudieran dispersarse rápidamente y, finalmente, se construyó el Camino de Oración alrededor del lago, que se completó en 2020.

Afuera de la Montaña de Oración, el tráfico rugía y la ajetreada vida de la megaciudad continuaba, pero dentro de los altos muros había surgido un oasis de naturaleza y paz.

Un recuerdo que se destaca fue la importante celebración de fin del año 2019 y el inicio del año 2020 (cuando el virus que causó la pandemia COVID-19 ya estaba actuando en China). El hombre de Dios eligió pasar ese tiempo en la Montaña de Oración en Lagos con unos 300 visitantes en lugar de aparecer en directo por Emmanuel TV como «influente» al comenzar el Año Nuevo. El «Camino de Oración» estaba casi terminado, y en el calor del día, «para sudar la carne» como nos animó T.B. Joshua, caminamos y pronunciamos los puntos de oración:

Todo espíritu de ofensa, ¡no eres bienvenido aquí! ¡Sal de mi vida!
Todo espíritu de odio, ¡no eres bienvenido aquí! ¡Fuera de mi vida!
Todo espíritu de inmoralidad, ¡no eres bienvenido aquí! ¡Sal de mi vida!

Todo espíritu de infidelidad, ¡no eres bienvenido aquí! ¡Sal de mi vida! ¡Todo dolor del pasado, no eres bienvenido aquí! ¡Fuera de mi vida

Gracias, Espíritu Santo de amor, por perdonar mi odio.
Gracias, Espíritu Santo de fe, por perdonar mi duda.
Gracias, Espíritu Santo de esperanza, por perdonar mi autocompasión.
Gracias, Espíritu Santo de humildad, por perdonar mi orgullo.
Gracias, Espíritu Santo de paz, por perdonar mi ira.
Gracias, Espíritu Santo de paciencia, por perdonar mis quejas.
Gracias, Espíritu Santo de bondad, por perdonar mis malas acciones.

Como Profeta, comunicador entre lo visible y lo invisible, profetizó, entre otras muchas y acertadas profecías, el año del temor, diciendo: «Ustedes no están preocupados, pero yo estoy muy preocupado». Sucedió tal y como se predijo. El año del temor que afectaría a todas las naciones estaba a punto de irrumpir sobre nosotros. Esto cambiaría lo que antes considerábamos la vida ordinaria de adentro hacia afuera. Todas las naciones se verían afectadas a medida que la plaga del miedo se apoderara de todos, especialmente en los países desarrollados con su demografía considerablemente envejecida y su preocupación por los sistemas de salud sobrecargados. Las iglesias de todo el mundo cerrarían sus puertas y se preparerían para ejercer su ministerio «en línea».

«Sabía que llegaría un momento así», dijo el hombre de Dios, refiriéndose al cierre de las iglesias. De hecho, los hercúleos esfuerzos realizados durante años para preparar la zona de la Montaña de Oración como un lugar adecuado para muchos cientos de personas, con abundante espacio, aire fresco y la inspiración de la naturaleza, se veían ahora recompensados. Los socios de Emmanuel TV y los miembros de la iglesia fueron los primeros beneficiarios de este bendito espacio.

A medida que pasaba el tiempo, T.B. Joshua ministraba oración a los socios de Emmanuel TV desde la Montaña de Oración. Caminando entre los árboles del jardín, un entorno selvático, se

T.B. Joshua ora por los socios de Emmanuel TV en el Jardín

tomaba su tiempo, moviéndose entre la gente que se sentaba ordenadamente, socialmente distanciada, esperando ese toque de Jesús. Los fieles amigos y compañeros de Emmanuel TV habían esperado durante mucho tiempo para recibir ese toque ungido. Y ciertamente, era ungido; las enfermedades crónicas de larga duración, como la falta de visión, la movilidad limitada y la artritis, desaparecieron cuando su padre en el Señor se movió entre los árboles y el poder de Dios se hizo presente para sanar.

Nuestra vida espiritual

El Profeta T.B. Joshua decía a menudo que:

> El primer lugar donde debes prosperar es en tu vida espiritual.

Sin ese fundamento, cualquier otra forma de prosperidad no resistirá la prueba del tiempo o podría terminar siendo una fuerza destructiva en lugar de una bendición.

Pero, ¿cómo construimos nuestra vida espiritual? El siguiente sermón ayuda a arrojar luz sobre esto.

NUESTRA VIDA ESPIRITUAL

T.B. Joshua, Servicio dominical de La SCOAN, 7 de febrero de 2010

Muchos de nosotros somos cristianos tradicionales que estamos acostumbrados a un método de orar o a otro. No es nuestro cuerpo el que ora, sino el que está dentro de nosotros (a quien no podemos ver) el que ora. Hay dos naturalezas en una persona; la que podemos ver es la naturaleza humana. No solo se ora cuando se abren los labios. Se puede orar y discutir con los amigos, o se puede orar y comer al mismo tiempo.

Esta debería ser la vida normal de un cristiano, es decir, tu vida debería ser una vida de oración. Tienes que meditar siempre en el nombre de Jesucristo, diciendo: «*Señor Jesús, ten misericordia de mí; que Tu misericordia hable por mí; que Tu favor hable por mí hoy*». ¿Pero cuántos cristianos hacen esto? Solo oran cuando tienen necesidad.

Nuestro problema es que somos demasiado mundanos y lo que buscamos en el mundo, que consume todo nuestro tiempo de calidad, esfuerzo y energía, no lo conseguimos. Esto es lo más decepcionante. ¿Por qué entonces no podemos dar más tiempo para nuestra vida espiritual y conectarnos y ver lo que sucederá?

El beneficio de haber nacido de nuevo, de ser un creyente, es suficiente para decirle al mundo quien eres en vez de presentarte tu mismo. Hoy en día, eres tú el que ruega a la gente que te deje orar por ellos, en lugar de que ellos te pidan que ores después de reconocer a Jesús en ti.

Necesitas a Jesús siempre, no solo en un momento determinado. Sabes que necesitas a Jesús, pero no sabes cuánto lo necesitas. Lo necesitas para ponerte las gafas, lo necesitas para abrir tus labios, lo necesitas para cerrar tu boca, lo necesitas para mirar detrás o delante, pero crees que solo necesitas a Jesús cuando hay problemas o dificultades. Es por eso que satanás sigue usando esta oportunidad; él sabe el momento en que llamas a Dios, el momento en que necesitas a Dios. Esos momentos en los que no estás conectado, él te agarra, y ataca.

Cuando comienzas a pensar que puedes hacer ciertas cosas por ti mismo, te equivocas. Debes depender de Él para todo. El Apóstol Pablo dijo: «*Todo lo puedo en Cristo que me fortalece*» (Filipenses 4:13), pero para ti, no todo lo que haces hoy lo haces a través de Cristo. No miras por Cristo; no sonríes por Cristo; no te levantas, ni te sientas, ni comes por Cristo.

Tenemos que empezar a construir nuestra vida espiritual de nuevo. Cuando medites en Jesús todo el tiempo, no tendrás tiempo para la basura; no irás donde Jesús no sea bienvenido. Debes estar siempre en una actitud de oración todo el tiempo y no esperar a que te diga: «Levántate para orar». El primer lugar donde debemos prosperar es en nuestra vida espiritual.

La mayor guerra que tenemos está en nuestro corazón. Las dificultades y las decepciones ocurrirán primero en nuestros corazones, pero cuando estamos en una actitud de oración, todos estos pensamientos negativos desaparecerán.

La situación de un cristiano está pensada para la gloria de Dios, como le ocurrió a Pablo:,

Con respecto a esto, supliqué tres veces al Señor que se apartara de mí. Y Él me dijo: Bástate en mi gracia, porque mi poder se perfecciona en la debilidad. (2 Corintios 12:8-9)

Cuando Dios está al tanto de tu situación, manifestará Su fuerza en tu debilidad. Puedes seguir y seguir con el problema hasta que Él decida quitarlo o no quitarlo. Y si Él decide no quitarlo, puedes seguir viviendo el resto de tu vida pacíficamente, porque nunca escuchamos que fue la espina lo que mató a Pablo.

Un cristiano vive una vida que viene de Cristo, y cuando tu vida viene de Cristo, cualquier cosa que tenga que ver con ella, Cristo está al tanto, a menos que no obtengas tus recursos internos de Él. Cuando Dios está al tanto de tu situación, tu situación está bajo control. Tu situación está bajo control cuando está destinada a mantenerte para un nuevo nivel en la vida, cuando está destinada a fortalecer tu deseo por Dios, cuando te hace orar más y ayunar más, y cuando la situación está destinada a preservarte para la redención.

Sin embargo, en el versículo 9, Pablo dijo: «*Por lo tanto, me complazco en la enfermedad*», lo que significa que su enfermedad era diferente a la de los demás. La de los demás está destinada a destruirlos, a matarlos, pero la tuya está destinada a preservarte, a mantenerte para un nuevo nivel y a prepararte para los desafíos venideros. Si esa es tu situación, entonces ¿por qué murmurar, por qué quejarse, por qué dudar, por qué temer? Es una oportunidad para que honres a Dios ante los hombres.

Pero hoy, cuando tienes un pequeño problema, sin que te lo digan, la gente lo puede ver por tu apariencia. La simpatía de los seres humanos no puede resolver tu problema; más bien lo empeorará. Así que mantente fiel a Dios. En tiempos buenos o difíciles, mantente fiel a Dios.

Ustedes son una generación elegida. Cuando no sabes quién eres, empiezas a compararte con los demás. Recupera tu situación de manos de satanás, viéndola como una bendición y una oportunidad para honrar a Dios ante los hombres.

Un hombre del pueblo

Me he hecho débil a los débiles, para ganar a los débiles; a todos me he hecho de todo, para que de todos modos salve a algunos. (1 Corintios 9:22)

Hebreos 1 versículo 9 habla de Jesucristo, citando uno de los Salmos:

Has amado la justicia, y aborrecido la maldad, por lo cual te ungió Dios, el Dios tuyo, con óleo de alegría más que a tus compañeros.

En su trato con la humanidad en general, surge otra imagen de T.B. Joshua, llena de alegría, que lo ve relacionarse con cada hombre, mujer y niño a su nivel. Demuestra ser «todo para todos», un hombre de Dios y un hombre del pueblo.

Tal vez en ningún lugar fue esto más evidente que en el trato con la gente que respondía a una palabra profética o hacía preguntas en el servicio de la iglesia en vivo. Unamos un día de esta escena.

Un niño pequeño estaba sentado algo nervioso junto a su madre, quien, al pasar T.B. Joshua, comenzó a comportarse de forma extraña debido al efecto de los espíritus malignos en su vida. La madre trataba de explicar que el niño era el que tenía el problema (de ira), pero T.B. Joshua no accionó al respecto. Luego, mientras la madre quedó bajo la influencia del Espíritu Santo, él oró por ella y al mismo tiempo hizo que el niño se sintiera a gusto.

Todo ello fue grabado por la cámara, para que los espectadores de todo el mundo lo vieran; primero le preguntó al niño qué llevaba en los bolsillos, después tomó su chaqueta de traje en miniatura e intentó ponérsela él mismo. La cara del pequeño se iluminó y una carcajada se extiendió por su rostro, quedando totalmente relajado. «Así que este gran adulto en este gran lugar es un hombre divertido. Me gusta este hombre». La escena terminó con el niño tomando a T.B. Joshua de la mano felizmente; juntos, caminaron hacia su madre, que ya estaba totalmente libre. T.B. Joshua le dijo a la madre: «Es un buen chico, más tarde los veré a los dos».

> En una situación de tensión y presión, la risa se convierte en un gran alivio.

Los «espíritus religiosos» se estremecen cuando T.B. Joshua demuestra humor y risa para desenmascararlos.

Una pareja acudió a orar, y el marido se quejaba de que la mujer consultara la Biblia antes de tomar cualquier medida, incluso en cuestiones de intimidad conyugal. Con un tono serio y profundizando, interrogó al exasperado marido cuyas historias revelaban un espíritu religioso maligno detrás de las acciones de su esposa. Abordando el tema con su suave humor, expuso el espíritu religioso supersticioso que, sin liberación, podría conducir a la enfermedad mental. El ejemplo fue una parábola viviente para la iglesia y para el público en general.

Al darle la Biblia, le pidió que representara cómo la consultaba abriendo al azar y decidiendo qué puesto del mercado visitaría para comprar ñame (una verdura local). A medida que los ejemplos se volvían más ridículos, las risas de la iglesia fueron una forma adecuada de exponer la fuerza maligna que actuaba. Tras la liberación, la pareja vino a compartir su testimonio. Un matrimonio restaurado y un futuro brillante por delante.

En un servicio de La SCOAN puede ocurrir cualquier cosa en cualquier momento. En un minuto, la congregación a menudo espléndidamente vestida con trajes locales de colorido algodón, se echaba a reír, en otro minuto, habría una profecía:¬ «Alguien aquí tiene un arma. Sal. Dios te librará». Así fue que un hombre se acercó al frente, atraído por la influencia del Espíritu Santo, y, al levantarse los pantalones, se pudo ver un cuchillo de 30 centímetros de largo, atado alrededor de la pantorrilla.

ACCESIBLE PERO INTOCABLE

Era la mitad del servicio de la iglesia, y afuera, sonidos de disparos llenaron el aire. Había ladrones armados en la calle, amenazando con causar estragos con una pistola cargada. En las calles abarrotadas de gente, podían causar una carnicería rápidamente.

T.B. Joshua muestra el arma recuperada de los ladrones

Con calma, T.B. Joshua salió, se acercó a los ladrones en medio de la multitud, les exigió la pistola y luego llevó el arma a la iglesia y continuó su predicación.

En otra ocasión, un hombre que llevaba ácido se abalanzó sobre el coche cuando T.B. Joshua estaba a punto de subir para volver a la Montaña de Oración desde la iglesia. El hombre de Dios pronunció una palabra de autoridad; el sujeto se «congeló» y no pudo llevar a cabo su acto malvado.

Caminando entre la multitud de la iglesia, el Profeta T.B. Joshua comentaba que, caminando con Dios, era «accesible pero intocable».

Estos incidentes no se limitaban a los locales de la iglesia, ni siquiera a Nigeria:

«Rápido, deténganlo; ¿a dónde va?». Un hombre corpulento se dirigió directamente a la zona de oración, corriendo a propósito hacia T.B. Joshua, con la intención de tirarlo al suelo.

«¿Qué está pasando?». Al acercarse, fue como si se encontrara con un muro sólido, y cayó al suelo, incapaz de levantarse.

Esto no ocurrió en Lagos, sino a miles de kilómetros de distancia, en Singapur.

Leemos un fenómeno similar con cierto detalle en los diarios de los fundadores del Metodismo, John y Charles Wesley, que en ocasiones fueron atacados por turbas violentas durante sus intentos de predicas al aire libre. No era raro que los líderes de las turbas cambiaran de bando y comenzaran a protegerlos al quedar bajo el poder de la palabra pronunciada con amor y fe. Un prominente matón llamado Munchin tuvo esta experiencia; habiéndose propuesto matar a John Wesley, terminó protegiéndolo del resto de la turba. Charles Wesley escribió sobre él:

> Munchin, el antiguo capitán de la turba, ha estado bajo la Palabra desde que rescató a mi hermano. Le pregunté qué pensaba de él, y dijo: «Pienso de él, que es un hombre de Dios, y que Dios estuvo de su lado cuando tantos de nosotros no pudimos matar a un solo hombre».[55]

Regresando a la actualidad, en La SCOAN, sucedió que un grupo de militantes acudió allí debido a su cansancio ante tanta violencia y al implacable deseo de derramamiento de sangre, deseando la liberación.[56] Vieron en T.B. Joshua a un hombre al que podían acercarse. Como él mismo ha dicho: «Nadie es demasiado malo, y nadie es demasiado bueno para recibir la salvación».

Danzas y Celebraciones

¿Qué mostraba la cámara? Un plano por debajo de la rodilla de unos pies girando al ritmo de un vigoroso zapateo. ¿Quién era la persona? Ahora podíamos ver; era T.B. Joshua bailando, mientras alrededor se arremolinaba la alegre resonancia de instrumentos, tambores africanos y voces. Era el servicio dominical en vivo, todo el mundo estaba disfrutando de la oportunidad de alabar a Dios con un poco de ritmo genuino de África Occidental y ninguno más que el pastor.

T.B. Joshua baila durante un tiempo de alabanzae

---

55 Jackson, T. (Ed.) (1849). *The Journal of the Rev. Charles Wesley* [El diario del reverendo Charles Wesley]. Entrada del 25 de octubre de 1743
56 *Nigerian Militants Surrender In Church!* [Militantes nigerianos se rinden en la iglesia], publicación en Facebook de TB Joshua Ministries, 26 de junio de 2019

Las celebraciones de Año Nuevo presenciaron esta afición por la danza elevada a otro nivel. En primer lugar, había comida para los visitantes que habían venido para un retiro espiritual de una semana y para todos los trabajadores de la iglesia. Tras degustar la deliciosa comida local e internacional, iniciaron las competiciones de baile. Primero tomaron la palabra las diferentes naciones y luego los departamentos de trabajo de la iglesia.

Se anunciaban los resultados con gran seriedad. A veces, T.B. Joshua enviaba un mensaje a los evangelistas y, antes de que lo supieramos, todos se encontraban en directo por Emmanuel TV. Los teléfonos comenzaban a estallar con los mensajes de texto y de Whatsapp, sobre todo de los países del sur de África, que decían: «Los estoy viendo; bonita danza; ¡ojalá estuviera allí!».

Boxeo en el Espíritu

Había pocas cosas que los incondicionales miembros de la iglesia local, especialmente los musculosos hombres nigerianos, disfrutaran más que los encuentros de poder que el Espíritu Santo permitía ocasionalmente a T.B. Joshua tener con conocidos boxeadores o luchadores.

Aunque los espectadores se reían mucho, estos encuentros ayudaban a edificar la fe y a avergonzar al diablo.

Hubo un boxeador que vino a pedir liberación, y T.B. Joshua proclamó: «Voy a boxear contigo en el espíritu». El boxeador, un nigeriano alto con bíceps abultados, se cuadró automáticamente. Aunque quería la liberación, seguro que este no-boxeador de tamaño moderado no lo iba a hacer caer. ¿Y su reputación?

Pero este era un combate de boxeo no de la carne sino del espíritu. Sin contacto físico, mientras T.B. Joshua boxeaba en su dirección, el hombre cayó al suelo una, dos, tres veces. Al final del tercer asalto, inclinó la cabeza hacia abajo. T.B. Joshua lanzó un gesto de mando en su dirección, y el hombre volvió a caer al suelo, finalmente entregado.

Después, con un brillo en los ojos, le dio algunos consejos sobre su boxeo. «Si es tu profesión de deportista, sigue boxeando pero no odies a tu oponente».

Los miembros de la iglesia que observaban el encuentro lo aplaudieron, lanzaron las manos al aire y regresaron a casa para contarlo a sus vecinos.

En otra ocasión, una anciana sudafricana blanca y refinada admitió que temía ser asaltada. T.B. Joshua le quitó el bolso y se lo devolvió, luego invitó a otros de su grupo sudafricano que intentaran arrebatárselo. Ella levantaba el bolso cuando se acercaban incluso de dos en dos, y proclamaba: «En el nombre de Jesús, no lleven mi bolso». Uno a uno fracasaban y terminaban tirados en el suelo, sin poder comprenderlo. ¿Realmente les ocurría esto a hombres fuertes y competentes? ¿Qué era ese poder?

Servicio dominical abarrotado en La SCOAN

En otras ocasiones, T.B. Joshua tocaba el micrófono y luego lo apuntaba hacia una persona que manifestaba espíritus malignos, la persona inmediatamente caía ante el micrófono direccionado. Estaba demostrando la unción de Dios a través de objetos inanimados.

A medida que pasaba el tiempo y el Agua de Unción se distribuía ampliamente, había testimonios de que tan solo sosteniendo el Agua de Unción frente a los ladrones armados y delincuentes huían.

La escuela dominical

Cuando T.B. Joshua visitaba las clases de la Escuela Dominical y pasaba por delante de ellas (a menudo con lluvias de caramelos), siempre había gritos y festejos de alegría. Los niños lo llamaban papá y querían estar con él. Los cumpleaños de los niños se celebraban con un pastel, y él solía cortarlo.

Luego estaban las actuaciones de los niños en frente de la iglesia. El equipo de cámaras siempre grababa los actos ensayados por los niños

Un hombre del pueblo

con tanta seriedad como la que le daban al servicio dominical. A medida que Emmanuel TV crecía, lo mejor de ellos podía aparecer en la programación.

Qué momento tan emocionante se vivió cuando fue la oportunidad para la Escuela Dominical de brillar. Habían preparado una actuación especial, entre risas los niños trataban de recordar sus líneas. Las madres estaban trabajando en los disfraces y manteniendo el orden. A nuestros grupos de visitantes les gusta las actuaciones en directo de los más pequeños, y esa vez no había sido una excepción.

T.B. Joshua celebra un cumpleaños de la escuela dominical en 2002

Llegó un niño pequeño y con él un grupo de niños que se alinearon en una fila. El bigote falso del pequeño estaba un poco flojo, pero su aplomo era considerable. Caminando hacia la fila de niños, comenzó a orar: «¡Espíritu de picardía y cerebro embotado, fuera de este cuerpo! Te ordeno que te vayas en el nombre de Jesús». Volviéndose hacia el público, una vez que toda su fila de «pacientes» estuvo en el suelo, comenzó a dirigir, con algunos de los puntos de oración de T.B. Joshua, y llamó imperiosamente a la cámara para poder orar por los espectadores. Los visitantes no escapaban de su mirada de águila.

Aunque no estaba entre nosotros, sabemos que en otro lugar del edificio, T.B. Joshua, con su efervescente sentido del humor, estaba feliz con la imitación de sí mismo.

Más tarde, los mejores predicadores de entre los niños se unieron a la representación para predicar. Y luego se presentó, quizás, nuestro ejemplo favorito: Un debate temático de los niños de diez años sobre un sobrio tema teológico, quizás la naturaleza de la oración o el papel del Espíritu Santo. Se trataba de una forma sin reparo, gentil y humorística de explicar y demostrar las verdades eternas, ¡y qué bien lo hicieron!

Era la hora de la oración en el servicio en vivo, y un niño pequeño con una cara traviesa estaba sentado con su madre. Audazmente se reía al ver a T.B. Joshua en carne y hueso. Este niño había venido preparado y al pedir el micrófono dejo a T.B. Joshua a carcaja tendida. Él le preguntó, «¿Quieres predicar?».

El niño había memorizado una secuencia de Emmanuel TV, citando complejas escrituras y también puntos de enseñanza, como: «El conocimiento significa explicar el desarrollo y la correlación de los hechos del Evangelio», y «¡La profecía no es necesariamente predecir acontecimientos, sino predicar y enseñar la Palabra con poder!».

Un niño imita la predicación de T.B. Joshua en 2011

Este encuentro, además de dar una gran alegría al niño y a la iglesia que lo observaba, fue una oportunidad espontánea para que el pastor animara a los padres a cumplir el mandato bíblico de «instruir a los niños en el camino del Señor». Este niño en particular creció y floreció, a menudo se lo veía con su madre en La SCOAN en tiempos de vacaciones.

¿Cuál fue el resultado de ese encuentro? ¿Terminó ahí? ¿Fue solo un poco de diversión durante el servicio? El clip fue visto en YouTube muchas veces y en muchos países. En Pakistán, en la escuela Emmanuel, fue muy apreciado por los profesores y los niños.

Mentoreo

Personas de todas las edades y de muchas naciones pedían quedarse un tiempo en La SCOAN para ser mentoreados por T.B. Joshua. Era una 'Escuela Bíblica del Espíritu Santo' en la que no se requiere dinero de ninguna manera. Él también tenía clara la necesidad absoluta de mantener cualquier impartición recibida por medio de un buen carácter y viviendo consistentemente por la Palabra de Dios.

Además de los evangelistas, esta tutoría ha tomado muchas formas, como el desarrollo de los jóvenes de la iglesia, que aprenderían valiosas habilidades al trabajar en diferentes departamentos. Esta experiencia les serviría para sus futuras carreras.

Emmanuel TV, en particular, se ha beneficiado de esta formación interna. Como se explica en el sitio web:

> Nosotros, en Emmanuel TV, creemos en el desarrollo de las habilidades. Jesucristo tomó tiempo para desarrollar las habilidades de Sus discípulos. Todo nuestro equipo de producción, incluyendo camarógrafos, editores, directores, diseñadores gráficos, artistas, presentadores, técnicos de sonido, etc. son evangelistas residentes que desarrollan sus habilidades y trabajan en La SCOAN y Emmanuel TV.

Algunas personas prominentes acudían a la iglesia para ver al hombre de Dios en su despacho y buscar la sabiduría de un profeta reconocido. Entre ellos se encontraban hombres y mujeres de negocios, académicos, funcionarios del gobierno y humanitarios, así como pastores. Algunos eran como Nicodemo, que visitaban a Jesús discretamente en la noche.

T.B. Joshua siempre alentó a la gente a hacer «más de lo mejor de sí mismos», ya sea que sus habilidades se desarrollen en la academia, el derecho, la medicina, los negocios, el deporte, las artes o el ministerio.

Obras de caridad

T.B. Joshua podía relacionarse personalmente con los pobres, y durante toda su vida se dedicó a dar generosamente para ayudarlos. He aquí un extracto de una entrevista que le hizo un periódico y que explica algunos antecedentes:

T.B. Joshua visitando a los necesitados en 2007

> *¿Qué motivó su pasión por los necesitados?*
>
> La Biblia dice: «Velad y orad...», lo que significa que hay que mirar alrededor antes de orar. Si hay personas que necesitan tu ayuda, haz lo que puedas para socorrerlas: ámalas. Después de esto,

ora, y tus oraciones serán respondidas. Sé lo que es estar necesitado. Alguna vez he estado en esta situación, pidiendo ayuda. Sé perfectamente lo que significa estar necesitado. He probado la pobreza, la humillación. He sufrido el abatimiento, el abandono y cosas por el estilo. Pero hoy soy un producto de la gracia. No culpo a nadie por ser pobre; no debo culpar a nadie por ser humillado. El corredor rápido no siempre gana la carrera.[57]

T.B. Joshua no oculta su amor por su país. En el marco de los numerosos proyectos locales de caridad y los programas de becas, a menudo ayudaba a quienes habían intentado alcanzar una 'mejor vida' en Europa, tras haber sido engañados por traficantes y personas sin escrúpulos. Esa 'mejor vida' a menudo los llevaba a estar encerrados en prisiones de Libia o trabajando como 'esclavos modernos'. Se pedía ayuda a T.B. Joshua, y el gobierno nigeriano participaba en la repatriación.

Los nigerianos deportados de Libia reciben apoyo en La SCOAN en 2017

Vestidos con chándales reglamentarios, los deportados de Libia acudían a La SCOAN y recibían comida, atención médica y alimento espiritual antes de recibir ayuda económica y sacos de arroz para poder regresar a sus lugares de origen. En primer lugar, contaban sus desgarradoras historias ante una iglesia repleta y muchos más que los veían por Emmanuel TV, advirtiendo a los demás de que no cayeran en las mentiras que prometían una ruta fácil hacia «pastos más verdes».

Haití

«Baba y Mama, ¿están sentados? Tenemos una gran asignación». T.B. Joshua había llamado a mitad de la noche, diciendo que los cinco que estábamos en Estados Unidos debíamos encabezar una respuesta

---

[57] *TB Joshua Interview - The People Come First* [Entrevista a T.B. Joshua – La gente es lo primero], Tell Magazine, No. 52, 24 de diciembre de 2007

Un hombre del pueblo

al catastrófico terremoto de Haití de enero de 2010, con una clínica médica. En Colorado, habíamos estado montando una pequeña oficina para Emmanuel TV cuando esa llamada llegó de madrugada de uno de los miembros del equipo. Siguiendo esa instrucción de ir, diez días después, el equipo estadounidense, con el apoyo del Reino Unido, había alquilado un avión de carga, llenándolo de suministros médicos y reunió al grupo que trabajaría para el proyecto. Eso en sí mismo fue todo un milagro.

Fiona describe sus sentimientos en ese momento:

Eran una mezcla de «qué increíble» y «qué aterrador» a la vez. La situación política era incierta. Se esperaba que todos durmiéramos directamente en el suelo sobre rocas (como sucedió), viviendo con pequeñas mochilas. El suministro de combustible en Haití era incierto. Nuestro pequeño avión, el más pequeño en el que había estado, tuvo que parar para recoger combustible en Nassau. Pero mientras me sentaba en el avión de 9 plazas, estos eran los pensamientos que prevalecían en mi mente: «Estoy en paz con todo el mundo; voy a servir a personas pobres; Dios está con nosotros, y estamos bajo la dirección de un verdadero profeta, así que pase lo que pase, está bien».

Gary se había quedado unos días en Florida para arreglar el avión de carga, donde se experimentó una cuota de desafíos y milagros. El primer avión se quedó en tierra, pero luego se identificó una segunda compañía de fletes, y se preparó y cargó un nuevo avión, todo ello en 24 horas. Después de que llegara con el avión de carga y los suministros a Haití y para reunirse con Fiona y otros miembros del equipo, el siguiente milagro fue llevar la mercancía a la zona del terremoto. Viajamos por carreteras oficialmente intransitables a lo largo de toda la isla y luego pedimos al Alcalde de Arcahaie un terreno para acampar y utilizar como clínica.

Gary y Fiona en el transporte local en Haití

Una vez llegamos allí, no hubo ningún problema para encontrar gente necesitada. Todas las mujeres embarazadas querían ver a un médico y todos los niños requerían tratamiento por el agua en mal estado. La gente estaba aterrorizada tras el terremoto y dormían a la intemperie.

Haití (esa parte) era extremadamente pobre, y el mercado local se asemejaba a los de 300 años atrás, las mercancías llegaban en burros.

Un claro mensaje de T.B. Joshua al equipo reunido fue que viviéramos más como los lugareños y, por inferencia, que evitáramos las trampas de alojarnos en cómodos hoteles alejados del modo de vida real de aquellos a los que intentábamos ayudar. Qué razón tenía el hombre de Dios; los lugareños vieron al instante la diferencia.

Provisiones de alimentos en la clínica médica de Emmanuel TV en Arcabaie

Una gran lección de las experiencias en Haití que aprendimos fue: «avanzar implica incomodidad». En Haití, la incomodidad era física, el calor implacable, sin un baño adecuado, cocinando comidas sencillas para el equipo con un fuego hecho con carbón, durmiendo sobre una capa de cartón, duchándose con medio cubo de agua durante semanas; ¡pero fue increíble y nos cambió la vida! Otras situaciones de avance podrían implicar retos diferentes, quizá mentales o emocionales más que físicos.

El hombre y el mensaje

La simple llamada que T.B. Joshua nos hizo mientras estábamos «sentados cómodamente» en Colorado había conducido al establecimiento de una clínica médica a largo plazo en Haití, con una serie de milagros y vidas cambiadas para bien en el camino. ¿Cómo fue que este mensaje llevó consigo el poder de la realización y mostró una amplia evidencia de estar respaldado por Dios? Para ello, tenemos que entender algo más sobre este hombre del pueblo.

T.B. Joshua era un hombre inseparable de su mensaje. Decía esencialmente las mismas cosas cuando se ponía de pie para hablar en un servicio dominical o cuando hablaba uno a uno. Tanto si estaba preparado como si no lo estaba, hablaba a partir de lo que meditaba.

Si querías saber cómo pensaba o si tenía un mensaje específicamente para ti, la mayoría de las veces, solo tenías que escuchar atentamente lo que decía públicamente. Nada estaba oculto. El secreto de su ministerio era un secreto a voces.

Uno de los primeros mensajes que oímos predicar se titulaba «Habla de lo que crees». Para T.B. Joshua, esto no era un eslogan, sino una simple descripción de cómo se comunicaba. Puedes averiguar lo que realmente crees (en contraposición a lo que crees que crees) observando tu comportamiento diario y escuchando tu conversación cotidiana. Para muchos de nosotros, esto suele ser diferente de lo que confesamos creer. Pero ambas cosas deben ir unidas si queremos tener un impacto real para bien.

Un buen ejemplo es nuestro enfoque de la oración. Para caricaturizar el modo en que lo hacemos con demasiada frecuencia, es así: Nos preparamos, nos desplazamos a la reunión, y luego oramos en voz alta, creyendo que (siempre que oremos «con fe») Dios escucha nuestra oración. Pero T.B. Joshua hace una clara distinción entre orar oraciones y decir palabras, explicando que debemos estar en una actitud de oración en todo momento. Explica que la oración que ve la sanidad, la liberación y los milagros en su ministerio no es la que dice en voz alta, sino la que ofrece continuamente en su corazón. Para la oración por todos, conocida como la «Oración Masiva», la palabra de autoridad hablada se suma a la oración constante del corazón y trae resultados: «¡Sé sanado! ¡Sé liberado!».

Dios escucha la oración del corazón, no solo la oración de la voz. Y si tu corazón no está libre de preocupaciones o de ofensa, por ejemplo, entonces, por muy impresionantes que sean las palabras de oración que pronuncies, te oirás a ti mismo, y te oirán los que te rodean, pero Dios no te oirá.

Lo mismo ocurre con nuestro deseo de seguir a Jesús. Una cosa es decir que queremos seguir a Jesús, pero otra es que lo hagamos de corazón. Sin ese compromiso de corazón, no resistiremos la prueba del tiempo. Como dijo el hombre de Dios de manera bastante dramática en un sermón en 2017:

> Decidí seguir a Jesús, y lo dije con todo mi corazón. Si no lo dijera en serio, a estas alturas, estarías señalando mi cementerio, o estarías contando la historia de que antes había una iglesia llamada La SCOAN.[58]

No se puede engañar a Dios. El cristianismo no es una actuación, sino una relación. La gente puede ver lo que hacemos, pero Jesús ve por qué lo hacemos; la gente puede ver la acción, pero Dios ve el motivo detrás de la acción.

Como dijo también T.B. Joshua:

> Jesucristo nunca se esforzó por parecer bueno; simplemente era bueno.

Otra forma de ver esto es que todo se trata de amor:

> El amor es la medida real de la verdadera espiritualidad.

Observando su ejemplo y escuchando sus mensajes sobre el amor, hemos visto que una característica particular del amor es que se refiere al aquí y al ahora, al presente. Los actos de amor son el resultado «natural» de un corazón liberado a través del amor y el perdón de Dios. Para mostrar amor, tienes que «estar al día», tienes que estar alerta, tienes que desahogar el corazón. Te amarás a ti mismo porque Dios te ama, y amarás a tu prójimo como a ti mismo.

Escuela Emmanuel Pakistán

> Dios tiene personas para encontrarte en el lugar de tu asignación.

Esta palabra de sabiduría de T.B. Joshua, reflexionando sobre la historia de José, iba a ser cierta para nuestros viajes y, en particular, para nuestra conexión con Pakistán.

Durante nuestros viajes a Rusia con el Agua de Unción, nos pusieron en contacto con un pastor de Pakistán. Comunicándose por Skype, nos indicó que había estado viendo los videoclips (a través de internet) del Profeta T.B. Joshua y había quedado impresionado al ver el poder

---

58 *Acting on the Word* [Actuar en la Palabra], Sermón de T.B. Joshua, Serivcio Dominical de La SCOAN, 14 de mayo de 2017

Un hombre del pueblo

de Dios en acción. Supimos que su iglesia estaba en una zona muy humilde. La dirección que habíamos recibido de nuestro mentor era ir «de país en país», así que aceptamos la invitación de visitarla para celebrar algunos servicios de sanidad. En cierto sentido, nos aventurábamos a lo desconocido.

Preguntándonos qué posibles retos y aventuras nos esperaban, en el aeropuerto de Dubai enviamos un correo electrónico a La SCOAN para decir que estábamos a punto de embarcar hacia Pakistán. Rápidamente recibimos un correo electrónico con un mensaje del Profeta T.B. Joshua diciendo que estaba orando por nosotros. Sabíamos que lo hacía, pero escucharlo marcó la diferencia.

El obispo Asif Jamali, que hablaba inglés, y su hermano, el reverendo Khalid Jamali, vinieron a buscarnos al aeropuerto. Cuando el vehículo alquilado se adentró en las estrechas calles de estilo medieval de Asif Town, en Lahore, poco sabíamos que sería el comienzo de una relación continua. Los miembros de la iglesia y la comunidad local empezarían a conocer a T.B. Joshua como un «papá» que se preocupaba por sus cuerpos, por si tenían suficiente comida, así como por sus vidas espirituales.

El obispo Asif Jamali cuenta su versión de la historia:

> Yo era pastor desde 1999, pero era como «latón y tintineo». Solo estaba vacío y haciendo ruido, sirviendo y predicando pero sin el poder de la unción. La gente venía a la iglesia, asistía a las reuniones, pero no había ningún progreso ni crecimiento real. Mientras tanto, oí hablar de T.B. Joshua desde Rusia y vi videos en YouTube. Y me preguntaba cómo estaba usando Dios a este hombre de Dios. Entonces, en mayo de 2011, los evangelistas hermano Gary y hermana Fiona llegaron a Pakistán con agua ungida. Dios obró en la vida de cientos de personas. Los milagros estaban ocurriendo en el nombre de Jesucristo. ¡Yo estaba sorprendido!
>
> Seguí orando para poder ver a este gran hombre de Dios. Un día, de repente, recibí una llamada telefónica del hombre de Dios T.B. Joshua, que habló conmigo y me invitó a verlo. Luego, de nuevo en noviembre de 2011, el hermano Gary y la hermana Fiona vinieron a Pakistán, y cuando salimos a orar vimos a

muchos niños que no iban a la escuela.[59]

Durante esta segunda visita a Pakistán, conocimos a un niño de diez años que pedía oración por progreso económico que le permitiera ganar algo de dinero para ayudar a mantener a su familia. Al considerar este claro ejemplo de pobreza, recordamos un principio que habíamos visto y escuchado en T.B. Joshua: El Evangelio tiene dos caras: el mensaje de la salvación eterna solo por la fe en Cristo y el mandato de amar a tu prójimo, independientemente de su religión, cultura o creencias.

> La demostración de amor por el necesitado no es suficiente por sí sola para llevarlos a la salvación, pero constituye la base para juzgar nuestro nivel de bondad, porque mirar hacia el otro lado cuando tu hermano tiene problemas equivale a rechazar a Cristo mismo.

A raíz de nuestra experiencia con este niño y al observar que pocas de las mujeres que asistían a las reuniones habían aprendido a leer, iniciamos conversaciones con el obispo Asif Jamali sobre la posibilidad de crear una escuela de caridad que ofreciera una educación gratuita de alta calidad en la comunidad local. Empezamos a pensar en cómo podríamos sugerir la financiación de una escuela completa a T.B. Joshua, mientras nuestro anfitrión trabajaba en algunos planes preliminares.

Mientras tanto, tuvimos la oportunidad de entregar provisiones a algunas viudas en nombre de Emmanuel TV. Las señoras de la comunidad local de Pakistán estaban muy agradecidas por los grandes sacos de harina que recibieron. En nombre de Emmanuel TV, también pudimos bendecir a algunas personas con máquinas de coser para ayudar a generar algunos ingresos.

Enviamos varias fotos de

Viudas de Pakistán reciben sacos de harina y máquinas de coser de regalo

---
59 Comunicación privada

esta obra de caridad al equipo de La SCOAN en Lagos. Para nuestra sorpresa, recibimos una llamada telefónica personal de T.B. Joshua, animándonos y prometiendo enviar una donación de 10 000 dólares para ayudar a esta comunidad necesitada. Poco después, una llamada de seguimiento del Departamento Bancario de la iglesia nos informó de que la donación había aumentado a 20 000 dólares.

En ese momento, no habíamos mencionado el posible proyecto de la escuela a T.B. Joshua o al equipo mientras esperábamos que el obispo Asif Jamali preparara algunas propuestas prácticas y los costes. La donación espontánea para una «obra de caridad» no identificada resultó ser la cantidad exacta que se necesitaba para el proyecto de construcción de la escuela, que iba a consistir en siete aulas edificadas sobre la Iglesia Pentecostal Escudo de Fe. Sin largas discusiones ni reuniones del Comité: ¡la Escuela Emmanuel nació de forma sobrenatural!

Inauguración de la Escuela Emmanuel en Pakistán el 9 de marzo de 2012

El obispo Asif Jamali retoma la historia:

Los trabajos de construcción comenzaron. La gente de la zona estaba entusiasmada. El edificio se terminó y solamente faltaba ponerle nombre a la escuela. Para la ceremonia de inauguración, el 9 de marzo de 2012, T.B. Joshua le dio el nombre de «Escuela Emmanuel».

Inmediatamente después de la inauguración, viajé con el hermano Gary y la hermana Fiona a La SCOAN en Nigeria. Esta fue mi primera visita. Me incliné humildemente ante el Señor y oré para que Dios enviara esta unción también a Pakistán. Fue una bendición para mí ser llevado a la Montaña de Oración, donde me senté en el mismo barco con el hombre de Dios, T.B. Joshua, él conducía el barco. Se oró por mí en la línea de oración. Y cuando estaba a punto de regresar, me encontré con T.B. Joshua, el hombre de Dios, y le di las gracias por la escuela.

El hombre de Dios puso sus manos sobre mi cabeza y oró. Tres veces oró por mí y me bendijo. Cuando salí de la oficina, fue como si un gran fuego del Espíritu Santo ardiera dentro de mí. Me senté y bebí diez vasos de agua. Cuando regresé a Pakistán, la gente de mi iglesia estaba esperando la bendición. Dios cambió mi vida y mi servicio a través de T.B. Joshua. Ahora la gente viene en masa y es bendecida. Mi ministerio, mi iglesia y mi familia son bendecidos y fructíferos. Que Dios bendiga aún más al hombre de Dios.

¡Qué bendición fue toda la experiencia de la escuela! T.B. Joshua y los socios de Emmanuel TV también financiaron un terreno adicional para hacer un patio de recreo junto a la escuela y han seguido apoyando el funcionamiento de la escuela año tras año.

Bombardeo de la iglesia de Peshawar

Hubo muchos ejemplos de donaciones que no fueron enunciados como sucedía habitualmente.

Cuando el servicio en directo por Emmanuel TV estaba a punto de comenzar el 22 de septiembre de 2013, recibimos una llamada desde Peshawar, Pakistán. Habíamos visitado Peshawar (cerca de la frontera con Afganistán) el año anterior por invitación del reverendo Samson de la Iglesia de Pakistán, para llevar un gran servicio de sanidad al aire libre utilizando el Agua de Unción.

La voz en el teléfono intentaba ser tranquila. Era el reverendo Samson:

«Mamá Fiona, ¿has visto las noticias? Es un ataque con bomba; todavía están rescatando a la gente, muchos tienen sus miembros destrozados y muchos han muerto».

Gary comprobó inmediatamente las noticias de Pakistán, y efectivamente era una calamidad. Había sido el atentado más mortífero contra la minoría cristiana en la historia de Pakistán. El doble atentado suicida había tenido lugar en la Iglesia de Todos los Santos, que forma parte de la Iglesia de Pakistán, cuyo obispo nos había acogido tan calurosamente el año anterior.

El reverendo Samson había estado presente en el servicio, pero resultó ileso. Ahora estaba tratando de coordinar algunos esfuerzos de ayuda inmediata. ¿Qué podíamos hacer nosotros? Conseguimos llamar a T.B. Joshua, aunque se estaba preparando para el servicio. Su reacción inmediata fue: «¿Puedes hacerles llegar el dinero de forma segura? Queremos dar 10 000 dólares». Más tarde habló personalmente con el reverendo Samson.

Beneficiarios del apoyo financiero dado por T.B Joshua para la iglesia en Peshawar

El reverendo Samson iba a gestionar directamente una parte de la ayuda, mientras que el resto de la donación sería tramitado por un programa coordinado de ayuda de la Iglesia de Pakistán.

Luego, cuando estuvimos en La SCOAN en enero de 2014, T.B. Joshua nos entregó otros 5 000 dólares en efectivo para que se los diéramos personalmente al reverendo Samson a fin de que siguiera ayudando a las víctimas de la explosión de la bomba.

Ayuda por el terremoto en Ecuador

Estábamos terminando un proyecto en el Reino Unido para conseguir algunos equipos informáticos especializados para Emmanuel TV cuando recibimos una llamada de La SCOAN. Un evangelista entró en la línea justo cuando estábamos hablando sobre «lo siguiente en nuestras vidas». El tiempo de Dios es asombroso. El evangelista dijo: «Esperen al hombre de Dios». Tratamos estas llamadas con mucha seriedad, y Fiona juntó las manos, orando. Una voz jovial resonó en el teléfono: «¿Cómo estás?» (gracias a Dios teníamos buena conexión), luego agregó: «Ustedes deberían ir a Ecuador». Entonces la llamada había terminado. Dios nos guiaría hacia el paso siguiente.

Era el 21 de abril de 2016, poco después del gran terremoto en Ecuador del 16 de abril de 2016.

Tras un breve viaje a La SCOAN para ver que el equipo informático llegaba allí sano y salvo, llegamos a Ecuador con solo unos pocos

Visita a Portoviejo, Ecuador tras el terremoto de 2016

números de teléfono como posibles contactos. Un miembro del equipo de Emmanuel TV, una de las evangelistas en formación, se unió a nosotros desde Colombia después de 24 horas. Nuestra primera aventura fue un viaje nocturno en autobús local hasta la ciudad de Portoviejo, la cual estaba muy afectada.

Un familiar de uno de nuestros contactos se reunió con nosotros para llevarnos por las zonas afectadas durante el día. Cuando íbamos de camino vimos de repente cómo la cara del conductor se transformaba al recibir una llamada telefónica que cambiaría su vida. Se trataba de una comunicación del Gobierno avisándole que se había liberado un pago de siete cifras adeudado de muchos meses a su favor correspondiente a un contrato gubernamental.

Nuestro conductor, pues así fue presentado, vio esto como un gran avance y creyó que era porque estaba colaborando con un equipo enviado por T.B. Joshua que quería ayudar a su pueblo. Nos comentó que era arquitecto. Más tarde, descubrimos que era un profesional bastante prominente, pero que no había sido orgulloso para ofrecerse como nuestro conductor. Posteriormente se convertiría en el arquitecto del proyecto de reconstrucción de la escuela. Fue algo sobrenatural. Dios estaba involucrado.

No fue sencillo identificar cómo hacer llegar la ayuda de Emmanuel TV directamente a los afectados. Sin embargo, nuestro mentor nos apoyó en la oración, y recibimos una llamada con un mensaje suyo de que debíamos trabajar estrechamente con el Gobierno.

Conseguimos una audiencia con la gobernadora de la provincia de Esmeraldas. Le preguntamos si conocía alguna comunidad gravemente afectada por el terremoto que aún no hubiera recibido mucha ayuda. Nos remitió a la aldea indígena de San Salvador de los Chachis, en lo más profundo de la selva.

Un hombre del pueblo

Al día siguiente, sentados en un vehículo sencillo, condujimos durante muchas horas a través de pueblos modestos. Íbamos vestidos para una elegante reunión de oficina con un calzado inadecuado para el «monte» y no estábamos en absoluto preparados para lo que nos esperaba. Al salir de la carretera, nos adentramos en una pista por donde avanzábamos con el coche a los tropezones. Nos bajamos del coche junto al río y entramos en una canoa rústica. Sentados en la canoa continuamos el viaje fluvial bajo una lluvia torrencial durante unas dos horas. La canoa estuvo a punto de hundirse, o eso es lo que parecía. Las largas y frondosas ramas de los gigantescos árboles se doblaban cerca del río y había remolinos de agua. Nos preguntamos con cierta inquietud si habría cocodrilos. Pero en algún lugar de la mente de Fiona surgía una increíble euforia:

Primer viaje en canoa a San Salvador de los Chachis

¿Estoy realmente en una canoa en una selva tropical yendo a conocer a una tribu indígena? ¿Qué tan increíble es esto? No recuerdo haber estado tan mojada y saber que no voy a poder secarme en horas

Conocimos a la comunidad Chachi, vimos las terribles condiciones, tomamos conocimiento de la escuela, que había sido muy dañada, y luego iniciamos el viaje de regreso en canoa. Pronto se produciría una grave réplica del terremoto y se derrumbaría otra parte de la escuela.

Se comenzó a esbozar un proyecto de asistencia: ayuda alimentaria e higiénica tanto para los campamentos de los damnificados ofrecidos por el gobierno como también algún tipo de apoyo para la comunidad Chachi. Los alimentos y la ayuda higiénica debían obtenerse en Colombia, donde algunas iglesias se habían ofrecido para ayudar a Emmanuel TV, por este motivo había que dirigirse hacia Bogotá para solicitar los alimentos y organizar el transporte.

San Salvador después del terremoto

Luego hubo algunos contratiempos de última hora. Gary, quien estaba con el equipo en Bogotá, explica:

La noche anterior a la salida hacia Ecuador, el avión de carga con el adhesivo de Emmanuel TV ya colocado tuvo que realizar una misión urgente no planificada. El adhesivo se cayó en pleno vuelo. Hubo un retraso de dos días mientras conseguíamos otro adhesivo y trabajábamos con la aerolínea para fijarlo de forma más segura.

Pero este contratiempo resultó ser un regalo de Dios. Proporcionó el tiempo suficiente para que el equipo que esperaba en Quito, la capital de Ecuador, organizara los trámites de recepción en el aeropuerto y tomara medidas más seguras para el transporte del precioso cargamento de alimentos. Fiona comentó:

En Quito, el tiempo era esencial, dado que después de esperar los permisos necesarios para estar presentes en la pista, nos enfrentamos al tráfico de Quito con poco tiempo de sobra.

Gary se encontraba con los pilotos en la cabina del avión. Justo en ese momento lo llamé por teléfono para preguntarle: «¿Puedes esperar?, se nos hace tarde para llegar al aeropuerto». Su respuesta fue un firme «¡No, ya estamos rodando por la pista!».

Llegada del avión de carga con la ayuda de Emmanuel TV a Quito

Un hombre del pueblo

Nuestro conductor nos llevó como Jehú (2 Reyes 9:20), y todos llegamos a la pista justo a tiempo para ver descender el avión de carga de Emmanuel TV. El camarógrafo local sacó su cámara con segundos de antelación. ¡Qué momento!

Posteriormente, la complicada organización para mantener nuestra mercancía a salvo en la bodega de aduanas, despacharla y luego embarcarla en dos camiones militares que fueron suministrados como cortesía del ejercito ecuatoriano junto con los conductores para transportar los bienes de forma segura a la zona afectada por el terremoto.

Equipo de Emmanuel TV junto a la gobernadora de la provincia de Esmeraldas

Una vez que la gran cantidad de suministros estuvo a salvo en el área de almacenamiento local local de Emmanuel TV, asistimos a la reunión oficial del Comité de Operaciones de Emergencias del gobierno para explicar que queríamos trabajar estrechamente con el Gobierno pero administrar nosotros mismos la distribución de los suministros. Para gloria de Dios, se elaboró un esquema satisfactorio. Los objetivos fijados por T.B. Joshua, de trabajar con el Gobierno, de traer el avión de carga, pero, por supuesto, de supervisar la distribución de la ayuda para asegurarse de que llegaba a las personas adecuadas, estaban a punto de cumplirse. Al principio, parecía imposible, pero estaba ocurriendo ante nuestros ojos.

Gary comenta en lo que parecía haberse convertido en una característica habitual de tales venturas de fe:

Una combinación de desafíos extremos y de bendiciones extremas: Parece que siempre llega un momento en el que existe un riesgo real de que un proyecto no pueda seguir adelante, es entonces que, al mantenerse firme, Dios trae a la persona adecuada o cambia la actitud de alguien, ¡y con frecuencia es en el último minuto!

Cuando visitamos los campamentos organizados con los suministros de alimentos, llegamos precisamente en el momento en que se les estaban agotando las provisiones. En uno de los refugios, las mujeres de la cocina comunal se animaron mucho al ver la gran cantidad de verduras frescas y ajo para aderezar su escasa dieta.

Una nueva escuela en la selva

¿Y ahora qué? Bueno, sabíamos que los Chachi necesitaban una escuela. Cuando el arquitecto presentó el proyecto, éste era mucho más grande y mejor que el edificio anterior. El nuevo plan consistía en una estructura de alta calidad para albergar un jardín de infantes, una escuela primaria y una escuela secundaria con un total de 14 aulas, así como una cocina y un comedor, una sala de profesores, una sala de administración y pequeños laboratorios de informática y ciencias. Estaba claro que el presupuesto sería como mínimo el doble de las cifras aproximadas que habíamos calculado inicialmente con el equipo de Lagos, que inclusive eran superiores al valor del proyecto de distribución de alimentos hasta entonces.

Preparando el regreso a San Salvador en canoa

El futuro de toda la comunidad dependía de esta escuela, y T.B. Joshua, conmovido por su situación, se comprometió a financiar la ambiciosa nueva estructura. El arquitecto accedió a ofrecer su empresa como contratista principal, lo que supuso un fuerte compromiso, dado que la visita a los Chachi le exigía más de 10 horas de viaje. Para el proyecto de construcción propiamente dicho, que duró muchos meses, tuvo que contar con un gestor que viviera in situ en la selva la mayor parte del período de edificación. El arquitecto donó su propio tiempo de forma gratuita para expresar su agradecimiento a Dios por su anterior progreso.

En el pueblo de San Salvador de los Chachis no había cobertura de telefonía móvil; se debía conducir durante horas hasta el lugar de desembarco y esperar que el mensaje llegara al pueblo (con su único teléfono fijo) para que las canoas estuvieran esperando. Luego, para el viaje de regreso, se debía salir de San Salvador con tiempo suficiente para retomar la carretera principal antes del anochecer. Por lo tanto,

Un hombre del pueblo

Gary y el arquitecto hablan de los planes de la nueva escuela

era una labor substancial de hacer incluso si se trataba de una visita de una hora a San Salvador.

El arquitecto finalizó el plan integral de la escuela y lo presentamos al Departamento de Educación del Gobierno justo a tiempo antes de que se cerrara el plazo de dos meses para auxilios de emergencia. El Gobierno solo autorizaba la ayuda externa para un proyecto de este tipo en estado de emergencia. El plan fue aprobado, pero luego hubo retrasos burocráticos a nivel local que podrían haber amenazado todo el proyecto. Sin embargo, una vez más, experimentamos la provisión de Dios. Un «encuentro casual» con el entonces vicepresidente de la nación (Jorge Glas) ayudó a despejar el camino, y el proyecto siguió adelante para gran beneficio de la comunidad indígena Chachi y para los 300 alumnos de la escuela.

El equipo se reúne con el vicepresidente de Ecuador

¡La gran inauguración de la escuela!

Debido a los problemas de acceso y a las condiciones meteorológicas, la obra de reconstrucción de la escuela duró muchos meses. Pero justo un año después de que la escuela anterior resultara gravemente dañada por el terremoto, la nueva estructura estaba lista para una ceremonia oficial de inauguración. T.B. Joshua rara vez viajaba, pero decidió ir a Ecuador para inaugurar la escuela personalmente.

Bienvenida militar para el Sr. y la Sra. Joshua a Ecuador

La planificación fue compleja debido a la inaccesibilidad para llegar a la escuela. Hubo dos ceremonias de apertura: una en Quito para varios dignatarios y otra en la propia escuela. La cuestión de cómo T.B. Joshua debería hacer el viaje a la escuela planteó problemas logísticos. Los militares se ofrecieron a proporcionar un helicóptero, pero eso habría sido demasiado peligroso debido a la frecuente niebla y neblina en las montañas de los Andes, por no mencionar la fuerte lluvia tropical. Finalmente viajó por carretera desde Esmeraldas, inclusive por ese camino tuvo importantes dificultades y tuvo que caminar con el equipo durante un largo tramo por el barro, tornándose este trayecto muy agotador.

T.B. Joshua continúa hacia la escuela a pie

En la mañana de la ceremonia de inauguración de la escuela, formamos parte de un equipo de avanzada que apenas logró hacer todo el recorrido hasta la escuela en un vehículo 4x4. Como resultado del proyecto, el Gobierno había ensanchado el camino junto al río hasta San Salvador, y en los pocos días que estaba lo suficientemente seco, el trayecto podía completarse en vehículo. Sin embargo, mientras los invitados se reunían en la escuela, se levantó un viento que era señal

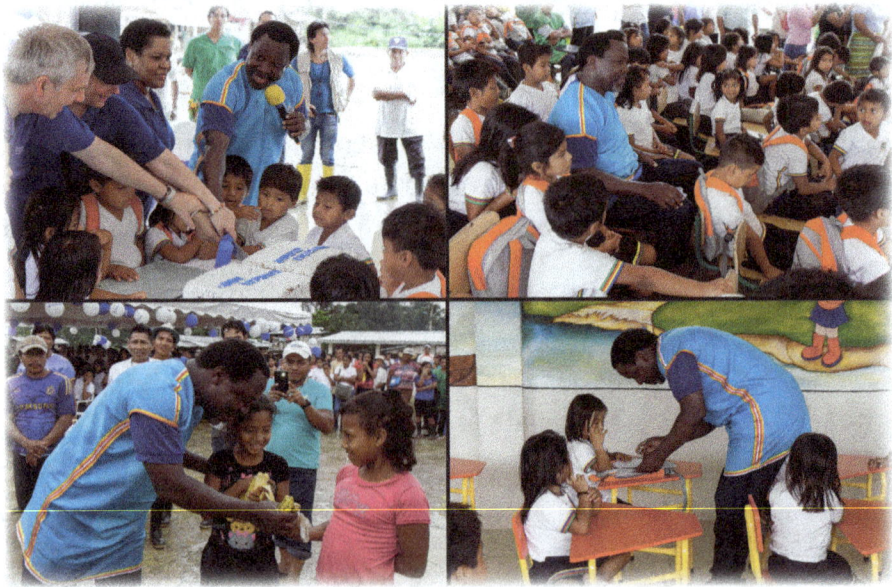

Inauguración de la nueva escuela en Ecuador en 2017

inequívoca de que iba a llover. La lluvia se desató a raudales, al no tener cobertura telefónica, no sabíamos cómo estaba T.B. Joshua y el resto del equipo. Comenzábamos a pensar que habría que abandonar todo el evento cuando uno de los Chachi corrió hacia nosotros, declarando: «¡He visto a su maestro caminando por el camino de ahí arriba!». Al llegar, se dirigió practicamente directo a la ceremonia.

Fue instructivo observar cómo esta comunidad indígena, relativamente ajena a las normas occidentales, demostraba un respeto instintivo por el hombre de Dios. Parecían entender que se trataba de una persona inusual que estaba cerca de Dios. Nos quedamos francamente sorprendidos más de un año después cuando, al visitar la escuela para un proyecto de seguimiento, uno de los líderes de la comunidad nos repitió respetuosamente algunas de las palabras de aliento de T.B. Joshua en aquella ceremonia de inauguración.

Por su parte, T.B. Joshua se relacionó con la gente durante aquella breve visita. Llevó con orgullo la túnica tradicional Chachi que le regalaron, comió la comida local y mostró gran interés por los retos de los agricultores. Se sentó entre los niños y visitó personalmente cada aula, escribiendo «Jesús los ama» en las pizarras.

Su viaje de regreso de la selva tropical también fue difícil, pues tuvo que caminar largos tramos por el barro. Incluso hizo una visita improvisada a una de las casas de madera de los agricultores locales.

T.B. Joshua ha seguido apoyando a la escuela, equipando completamente el laboratorio de informática y patrocinando, por ejemplo, a su mejor estudiante para que vaya a la universidad.

UN DADOR ALEGRE

Las expresiones de caridad de Emmanuel TV debían llegar a todo el mundo. En el Reino Unido no faltaban personas con necesidades de diversa índole. Trabajar con Bob (de la organización benéfica Flower of Justice, en Southampton), como parte del equipo benéfico de Emmanuel TV en el Reino Unido, fue para nosotros un placer y un honor.

Ayuda para la organización benéfica Flower of Justice

Bob, era un ex drogadicto, su vida fue rescatada por Jesús y se comprometió a servir a los demás. Visitó La SCOAN con un grupo en los primeros años y recibió una importante sanidad de un severo dolor de espalda (ciática). Cuenta la historia en su propio libro:

Había orinado con sangre cinco veces a lo largo del año y los médicos no podían averiguar qué me pasaba. Me dolía mucho la espalda y tomaba analgésicos. Cuando T.B. Joshua vino a orar por mí, me dijo: «Todo esto está relacionado con tu pasado». Ni siquiera me tocó, pero caí al suelo y tenía calor por todo el cuerpo. Estaba de rodillas, boca abajo, ¡y no podía levantarme por el poder del Espíritu Santo! Luego, después de un rato, él oraba de nuevo y decía: «¡Padre, desconéctalo del pasado!». Entonces todo el dolor abandonó mi cuerpo al instante.[60]

Habló de su sanidad a aquellos que estaban en las viviendas de interés social, donde servía como pastor en las calles, como mentor y amigo de los pobres. T.B. Joshua también envió al equipo de Emmanuel TV a realizar regularmente proyectos de caridad en la urbanización. El resultado fue que muchas personas desfavorecidas vieron a T.B. Joshua como un «hombre del pueblo» que, a pesar de estar a miles de kilómetros de distancia, podía interesarse por sus necesidades.

El mensaje perdurable de T.B. Joshua sobre las donaciones benéficas es que deben ser de espíritu libre. La labor benéfica de Emmanuel TV en todo el mundo se haría sin «condiciones», es decir, sin exigir ninguna respuesta particular de los beneficiarios o de las

PSuministro de alimentos locales y suministros esenciales a las víctimas de las inundaciones en Laos

---

60 Light, B. (2018). *This is My Offering* [Esta es mi ofrenda]. New Life Publishing. p. 86

Un hombre del pueblo

organizaciones benéficas locales con las que pudiéramos asociarnos. Esto fue muy apreciado. Así fue posible trabajar con los gobiernos y con quienes no compartían la misma fe que nosotros de forma amena.

Siempre hubo muchos proyectos de suministro de alimentos locales, desde el «pescado pegajoso» tan apreciado por los que recibieron ayuda en Laos, los grandes sacos de harina en Lahore hasta los tradicionales tés con crema tan queridos por los jubilados ingleses. Emmanuel TV trabaja con sensibilidad y proporciona un ejemplo para que los espectadores encuentren por sí mismos a los necesitados en sus áreas locales y consideren cómo pueden ayudar, incluso si eso significa empezar de forma muy simple.

Emmanuel TV patrocina un tradicional Cream Tea inglés para los ancianos

El mensaje de T.B. Joshua, quien era un apasionado en dar a los demás, es claro:

> Todos tenemos algo para dar. Siempre hay alguien en necesidad de ti, sin importar lo poco que tengas.

AMA A TU PRÓJIMO

Jesús no nos conoce por nuestro nombre, sino por nuestro amor. Este capítulo termina con un sermón que capta el corazón de este hombre del pueblo. El amor no es un sentimiento, sino una responsabilidad práctica para todos los cristianos.

AMA A TU PRÓJIMO

T.B. Joshua, Servicio dominical de La SCOAN, 9 de junio de 2019

El más grande a los ojos de Dios es el que ama a su prójimo.

El que no ama a su hermano a quien ha visto, ¿cómo puede amar a Dios a quien no ha visto? Y nosotros tenemos este mandamiento de él: El que ama a Dios, ame también a su hermano. (1 Juan 4:20–21)

Dios mide nuestra vida por nuestro amor a Él y a nuestro prójimo. No puedes amar a Dios sin amar a tu prójimo. Dios sabe que si no amas realmente a tu prójimo, no puedes amarle a Él. Tu prójimo podría ser tu enemigo o aquellos que no comparten tu misma fe. Amémonos unos a otros, independientemente de nuestra religión o raza, porque el amor viene de Dios. Quien no ama no conoce a Dios, porque Dios es amor. (1 Juan 4:7-8, 11-12)

¿Cómo podemos medir nuestro amor a Dios? Por las cosas prácticas de nuestra vida. Medimos nuestro amor por Dios por la cantidad de veces que pensamos amorosamente en Jesús a diario, por el nivel de hambre que tenemos de leer Su Palabra, es decir, la cantidad de tiempo que reservamos para leer Su Palabra, el gozo con la que tomamos Su Palabra en nuestras manos cuando estamos a solas con Él. Cuanto más Le amemos, más preciosa se volverá para nosotros Su Palabra. Si amas a Jesús lo suficiente, harás que tu hábito sea decir: «Te amo, Jesús»; cuando camines hacia otra habitación, di «Te amo, Jesús»; cuando te sientes en tu coche para conducir, di «Te amo, Jesús»; cuando te detengas en los semáforos, di «Te amo, Jesús». La primera persona en la que pienses en la mañana y la última persona en la que pienses en la noche debe ser Jesús.

¿Cuántas cosas has modificado en tu vida a causa de tu amor a Dios? Dios dice que no debemos mentir; has dejado de mentir porque anhelas complacerle; has dejado de destruir porque anhelas complacer a Jesús, y así sucesivamente. ¿Cómo utilizas tu dinero? ¿Cómo economizas para dar más a los necesitados? ¿Cómo inviertes tu tiempo libre porque amas a Jesús? ¿Cómo ajustas tus prioridades debido a tu amor por Jesús?

¿Qué es lo poco con lo que procuras bendecir a los demás debido a tu amor por Jesús? ¿Con qué frecuencia dices: «Dios te bendiga»; con qué frecuencia sonríes deliberadamente a los demás por causa de Jesús? ¿Con qué frecuencia tratas de mantener una sonrisa en tu rostro mientras conduces por la calle, cuando entras en una tienda, a causa de Jesús? Cuanto más amas a Dios, más amas a tu prójimo.

Si me amáis, guardad mis mandamientos. Y yo rogaré al Padre, y os dará otro Consolador, para que esté con vosotros para siempre. (Juan 14:15–16)

¿Cómo amamos a Dios? Al hacer lo que Dios quiere. Le demostramos nuestro amor; no con meras palabras sino con hechos y en verdad. Así es como puedes demostrar tu amor. No se trata solamente de venir a la iglesia, danzar o leer tu Biblia. Si amas a Dios, guarda Sus mandamientos. ¿Cómo guardamos los mandamientos de Dios? Somos instruídos a amar.

Dios no pregunta si tienes ganas de amar. Como cristianos, es nuestra responsabilidad amarnos unos a otros. Lo que nos hace humanos no es nuestra capacidad de pensar, sino nuestra capacidad de amar. Esto significa que el amor es vida; si pierdes el amor, pierdes la vida. No debes amar por razones egoístas, clásicas o materiales; necesitamos amar mejor. Si quieres amar mejor, deberías empezar con alguien que te odie. Si quieres amar mejor, deberías empezar con alguien que tenga malos sentimientos hacia ti, que no vea nada bueno en ti, alguien que te critique; al hacer esto, estás copiando el tipo de amor que Jesús mostró en Lucas 23:34, *Padre perdónalos*.

Toma nota de la palabra perdón*alos* porque incluye a ambos, tanto al ofensor como al ofendido. En otras palabras, Jesús estaba diciendo: «Tanto al correcto como al incorrecto; Padre, perdónalos. Tanto al malo como al bueno; Padre, perdónalos». Si amas a muchas personas pero hay a quienes no amas porque te odian, tienen malos sentimientos hacia ti o te critican, entonces tu amor es nada.

Oísteis que fue dicho: Amarás a tu prójimo, y aborrecerás a tu enemigo. Pero yo os digo: Amad a vuestros enemigos, bendecid a los que os maldicen, haced bien a los que os aborrecen, y orad por los que os ultrajan y os persiguen;

para que seáis hijos de vuestro Padre que está en los cielos, que hace salir su sol sobre malos y buenos, y que hace llover sobre justos e injustos. (Mateo 5:43–45)

Dios otorga el sol y la lluvia a todos, Sus bendiciones de salud y larga vida a todos; Él ama a todos con el mismo infinito amor con el que te ama a ti. Pregúntate: «¿Hasta qué punto mi amor es así?». Nada nos hace amar a una persona tanto como orar por ella; ¿cuántos de tus prójimos están en tu lista de oración diaria? ¿Es tu amor un amor verdaderamente intercesor? ¿Puedes pararte en la brecha? ¿Puedes alegrarte cuando ellos se alegran? Esta es la pregunta que debes responder.

El amor nos libera en el presente. Recuerda que es el presente el que plantea los problemas. Solo a través del amor podemos responder a Dios y a los demás en el presente. Primeramente para responder a Dios debes perdonarte a ti mismo y a tu projimo.

El amor mira a su alrededor para ver quién está en necesidad. Si no tienes amor tu fe no va a obrar, porque la fe obra por el amor (Gálatas 5:6). Esto significa que el amor es lo más importante porque es la fuerza que pone a obrar la fe.

Como cristianos, somos conocidos por nuestro amor. Esto significa que Jesús no te conoce por tu nombre, sino por tu amor. El amar por amor a Dios no espera una recompensa; cuando amamos por amor a Dios, estamos sembrando para el Espíritu porque el amor que damos es el único amor que conservamos.

La Autopista al Cielo

Si solo para esta vida tenemos esperanza en Cristo, somos los más dignos de lástima de todos los hombres. (1 Corintios 15:19)

Estas palabras de la Biblia son desafiantes. La mayoría de nosotros somos muy conscientes de esta vida: queremos tener buena salud, un trabajo bien remunerado, un lugar agradable para vivir, una familia feliz, etc., y a menudo es por lo que oramos a Dios. Pero, ¿qué valdrán las cosas de esta vida en el último día, el día en que, como dijo C.S. Lewis:

> ...la niebla anestésica que llamamos «naturaleza» o «mundo real» se desvanece y la Presencia en la que siempre has estado se hace palpable, inmediata e inevitable?[61]

Tanto la propia Historia como los mentores de la fe de antaño nos dicen que la vida es frágil y que, sea larga o corta, todos llegaremos a ese juicio final. ¿Cómo podemos responder a esta realidad de forma práctica, en lugar de apartarla cada vez más de nuestra mente?

T.B. Joshua nos animó a ajustar hoy todas las cuentas:

> Debemos vivir cada día de nuestra vida como si fuera el último, porque nuestro último día en la tierra puede ser muy inesperado. Recuerda que la vida es incierta, la muerte es segura, el pecado es

---

[61] Lewis, C.S. (1952). *Mere Christianity* [Mero Cristianismo]. Macmillan. p. 115

la causa y Cristo es la cura. Que la vida sea incierta debe afectar a nuestra forma de vivir hoy.

Nos ha enseñado que las decisiones que debemos tomar son las que beneficiarán a nuestro futuro, no al presente:

> Es mejor sufrir hoy y disfrutar mañana. Dios está más interesado en tu gloria eterna que en tu comodidad presente.

Habrá problemas en este mundo (Juan 16:31), eso es inevitable. Pero no debemos desanimarnos:

Porque nuestras ligeras y momentáneas molestias nos alcanzan una gloria eterna que las supera todas. (2 Corintios 4:17, NVI)

Este mundo no es nuestro hogar; solo estamos de paso. Por lo tanto, no debemos permitir que nuestra situación dicte nuestra dirección. Nuestras bendiciones no deben determinar dónde debemos vivir o quiénes deben ser nuestros amigos. Por ejemplo, T.B. Joshua no se trasladó a una zona más próspera después de que la iglesia creciera, sino que ha permitido que solo Dios dirija sus caminos.

Esta perspectiva tiene un profundo impacto en todos los ámbitos de la vida. El enfoque en esta vida se centra menos en disfrutar del presente y más en permanecer fieles hasta el final. Porque lo importante es cómo terminamos nuestra carrera.

En el lugar donde cayere el árbol, allí quedará. (Eclesiastés 11:3)

Como el hombre de Dios ha declarado a menudo:

> El que empieza no es el dueño de la obra sino el que la termina.

Cuando llegue el momento del juicio de Dios, queremos ser encontrados en una posición de fe para poder disfrutar de los beneficios de la salvación eterna a través del sacrificio expiatorio de Cristo.

¿Y nuestra actitud ante la muerte? Si no somos parte del mundo, y el Cielo es nuestro hogar, entonces ser llamado a casa no es algo para temer, sino algo que esperar ansiosamente. Como dijo T.B. Joshua:

> La muerte de un creyente es la liberación del aprisionamiento de este mundo y su partida hacia el disfrute de otro mundo. Aquellos

que han nacido de lo alto anhelan estar allí.

Muchos creyentes entusiastas aspiran a estas verdades, pero, en realidad, podemos encontrarnos muy a gusto en este mundo.

Un sermón titulado «El Tiempo y la temporada», pronunciado por T.B. Joshua en marzo de 2008, nos ayudó a recorrer personalmente ese camino desde la aspiración hacia la realidad. Enseñaba sobre la decepción de Pedro a la orilla del mar tras una noche de pesca infructuosa antes de encontrarse con Jesús (Lucas 5). Un paso necesario en el camino hacia la realidad es experimentar el vacío del mundo:

> Cuando estemos cansados y hartos de nuestros negocios mundanos y frustrados en nuestros asuntos mundanos, somos bienvenidos a Cristo. Recuerda que mientras el mundo esté establecido en nuestras vidas, Cristo será desplazado... Él nos permite agotar cualquier ventaja mundana que sintamos que tenemos para que cuando hayamos aprendido la lección Le valoremos a Él.
>
> Jesús no habría tenido nada que ver con Pedro si Pedro no se hubiera hecho sensible por las vicisitudes de la vida. Estaba tan cansado y harto del mundo que estaba dispuesto a abrazar el orden superior de Cristo. En el nuevo orden de Cristo hay paz, no como el mundo la da.

Damos gracias a Dios por haber experimentado del mundo lo suficientemente, incluyendo su «éxito», para reconocer su vacío. Como dice una canción cristiana contemporánea:

> *Este mundo no tiene nada para mí, y este mundo lo tiene todo.*
> *Todo lo que podría querer, y nada que necesite.*[62]

TAL COMO SOY

Tal como soy, sin una sola súplica
Pero que Tu sangre fue derramada por mí
Y que Tú me mandas venir a Ti
¡Oh, Cordero de Dios, vengo! Vengo

---

62 *This World* [Este mundo]. Aaron Tate. ©1994 Cumbee Road Music

Este famoso y antiguo himno, que Fiona recuerda que se cantó la noche en que respondió a un llamamiento al altar en 1973, fue también muy querido por Billy Graham en sus eventos evangélicos. Se cantó en La SCOAN en julio de 2012 en un servicio conmemorativo al Presidente Atta Mills de Ghana, que pasó a la gloria mientras ocupaba el cargo más alto de su país.

El himno continúa diciendo:

> *Tal como soy, aunque en aflicción*
> *Con muchos conflictos, muchas dudas*
> *Luchas y miedos en el exterior*
> *Oh Cordero de Dios, vengo, vengo*
>
> *Tal como soy, y esperando*
> *para librar mi alma de una mancha oscura*
> *a Ti cuya sangre puede limpiar cada mancha*
> *Oh Cordero de Dios, vengo, vengo*
>
> *Tal como soy, pobre, miserable, ciego*
> *La vista, la riqueza, la sanidad de la mente*
> *Sí, todo lo que necesito, en Ti para encontrar*
> *Oh, Cordero de Dios, vengo, vengo*
>
> *Tal como soy, recibirás*
> *Acoge, perdona, limpia, alivia*
> *Porque en Tu promesa creo*
> *Oh Cordero de Dios, vengo, vengo*

El poder y la realidad que hay detrás de las palabras nacen de la vida del escritor, vivida en el dolor y en la enfermedad, pero con la paciente aceptación de la bondad de Dios.

T.B. Joshua dijo:

> Observa tu situación como una oportunidad para honrar a Dios, así como es una oportunidad para que Dios glorifique Su nombre.

Mucha gente admiraba el himno de Charlotte Elliott, incluso durante su vida. Poco después de su muerte, su hermano, el reverendo Henry Venn Elliott, confió en el editor del himnario Edward Henry Bickersteth:

En el curso de un largo ministerio, espero que se me haya permitido ver algún fruto de mis labores, pero siento que se ha hecho mucho más con tan solo un himno de mi hermana.[63]

¿Por qué el ejemplo de este himno? Porque Jesús ve los sacrificios ocultos y las respuestas a las dificultades, no solo las acciones o palabras externas. Es la «fuerza detrás de la acción» la que determina el resultado, no la acción en sí.

Como T.B. Joshua desafió a los miembros de su iglesia, hablándoles en la Montaña de Oración en 2006:

> ¿Por qué serán recordados cuando pasen a la gloria? ¿Por qué se recuerda a los apóstoles? No por sus esposas, hijos o propiedades, sino por el precio supremo que pagaron para traernos el Evangelio. Debes ser recordado por el propósito para el que fuiste creado.[64]

La autopista al Cielo

Volviendo al servicio conmemorativo del presidente Atta-Mills, T.B. Joshua dio otro mensaje alentador pero sobrio:

> Para llegar al Cielo, debes seguir el camino de la Cruz. El camino al Cielo empieza en este lado de la muerte, y la entrada es muy fácil de encontrar. La Biblia dice que todo aquel que invoque el nombre del Señor será salvo.
>
> En Romanos 10:1-13, Pablo declaró que el camino al Cielo no es difícil de encontrar ni de acceder. ¿Estás en el camino correcto hacia el Cielo? Está justo delante de ti en la Palabra de Dios.
>
> En Juan 14:6, Jesús dijo: «*Yo soy el camino, la verdad y la vida. Nadie viene al Padre sino por mí*». Él murió por nuestro pecado; quebrantando el poder de la muerte mediante la resurrección. No debes temer a dónde vas cuando sabes que Jesús va contigo. No estás solo.
>
> La muerte no es un punto final; es solo una coma por causa

---

63 Bickersteth E.H. (1872). *Hymnal Companion to the Book of Common Prayer* [El himnario que acompaña al Libro de la Oración Común], Annotated Edition. Sampson Low & Co. Nota 114
64 *Uso responsable de las bendiciones*. Mensaje de T.B. Joshua en la Montaña de Oración, 2 de marzo de 2006

de la muerte y resurrección de Jesucristo, si pones tu fe en Él. Cualquier día, incluso hoy, puede ser nuestro último día en la tierra. Necesitamos estar seguros de que estamos preparados para partir. ¿Estás preparado?

Ya sea que seas joven o anciano, lo que importa es la gracia de continuar viviendo después de aquí. Un hombre puede morir joven y aún así estar satisfecho con la vida, pero un hombre malvado no estará satisfecho incluso con una larga vida. Seguir confiando en Dios es la única manera de estar preparados para las cosas para las que no estamos preparados.

Si estás preparado para morir, estás preparado para vivir. Ruego por ti que cuando sea el momento de partir, lo sepas, en el nombre de Jesús.[65]

¿Qué es un cristiano?

Un verdadero cristiano es todo aquel que depende de la gracia de Dios y pone su confianza solo en Cristo para la salvación.

Esta es la esencia del cristianismo, no una religión sino una relación con Jesucristo por la fe. Es una relación que se extiende más allá de la tumba, liberando a aquellos *«que durante toda su vida estuvieron sometidos a la esclavitud del miedo a la muerte»*. (Hebreos 2:15).

El profeta T.B. Joshua recuerda regularmente a sus oyentes los fundamentos de la fe. En su mensaje de Pascua de 2020, predicado desde los estudios de Emmanuel TV, abordó directamente la cuestión: *¿Qué es un cristiano?*

Como ministro de Dios, he visto que la gente da numerosas razones para llamarse a sí mismos cristianos. Por ejemplo, dicen: «Nací cristiano y crecí en la iglesia». «Soy cristiano porque mis padres son creyentes». «Soy cristiano porque soy editor de la Biblia». «Soy cristiano porque estoy convencido de que Jesús es el Hijo de Dios». Mi problema con estas respuestas es que no mencionan la única razón que califica a alguien como cristiano.

Aquí está el desafío. Tú puedes asistir a la iglesia y no ser un cristiano. Puedes leer la Biblia y no ser un cristiano. Puedes eliminar

---

[65] *La autopista al Cielo.* Sermón de T.B. Joshua, Servicio Dom. de La SCOAN, 29 de julio de 2012

los malos hábitos y tratar de ser una persona moral y todavía no ser un cristiano. Todos estos hábitos son buenos, pero las acciones por sí solas no hacen a una persona un cristiano.

¿Quién es un cristiano entonces? Un cristiano es una persona a quien Dios ha perdonado a través de la obra consumada de Jescristo en la Cruz, como dice el libro de Tito 3:3-6. Somos cristianos a causa de la obra consumada de Jesucristo en la Cruz. El hombre es un pecador que no ha alcanzado el estándar de Dios. Dios vino a la tierra en la persona de Jesucristo, murió por nosotros y pagó por nuestro pecado. A través de nuestra fe en Él, recibimos Su justicia, y recibimos Su perdón de nuestros pecados y el regalo de la vida eterna.

Jesús murió en la Cruz por mí y por ti. Él murió por nosotros, Él nos ama, y cuando abrimos nuestro corazón, Él nos perdona Permíteme llevarte al Libro de los Hechos de los Apóstoles, capítulo 16 versículos 30 al 31. Este es el caso de un oficial de la ley que una vez le preguntó al Apóstol Pablo la pregunta más importante: ¿Qué debo hacer para ser salvo? Pablo respondió: «Cree en el Señor Jesucristo, y serás salvo». Este es el punto: Ser cristiano no se trata de lo que haces; se trata de lo que Cristo Jesús ha hecho. Él nos ama, Él murió por nosotros, y Él nos perdona cuando abrimos nuestros corazones para creer.[66]

Oraciones de Dedicación

Si no has conocido al Señor Jesús, o si quieres volver a dedicarle tu vida, puedes hacer esta oración:

Señor Jesús, Te necesito.
Soy un pecador.
Entra en mi corazón.
Lávame con Tu preciosa sangre.
Salva mi alma hoy.
En el nombre de Jesucristo.

Si te has sometido a la voluntad de Dios y quieres saber más de Su dirección para tu vida, puedes orar:

---

66 *¿Qué es un cristiano?* Mensaje de T.B. Joshua, Transmisión Dominical en vivo de Emmanuel TV, 12 de abril de 2020

Señor Jesús, me he rendido a Tu voluntad.
Estoy listo para ir a donde Tú quieras que vaya.
Decir lo que Tú quieras que diga.
Ser lo que Tú quieras que sea.
Estoy listo, Señor; ¡estoy listo ahora!
El tiempo es corto: el mundo está llegando a su final.
No quiero perder el tiempo.
Dime qué debo hacer.
Dame Tus órdenes.
Prometo someterme a todo lo que Tú deseas de mí.
Y aceptar todo lo que Tú permites que me suceda.
Deja que solo conozca Tu voluntad.

T.B. Joshua siempre animaba a los nuevos creyentes a buscar una iglesia viviente y a involucrarse en ella. Pero recuerda que la esencia de la verdadera iglesia es Cristo en ti, la esperanza de gloria. En el Día del Juicio, la cuestión no será quién adoró en esta o aquella iglesia, o quién es obispo o pastor o profeta, sino quién adoró a Dios en Espíritu y en verdad (Juan 4:24). Lo que importa es el estado de tu corazón.

Tienes que hacerte esta pregunta: ¿Vives cada día como si fuera tu último?

¿Cómo estás usando tu vida? ¿Cómo estás empleando tu vida? Porque la mejor manera de usar tu vida es emplearla en algo que perdurará. Por ejemplo, amar más profundamente a alguien cada día. Cuando miras a tu alrededor, verás a alguien que está en necesidad de algo que tú posees: tu amor, tu ayuda, tu fortaleza, tu tiempo, tu sonrisa o tu palabra de aliento para ayudarle a encontrar su camino.

Mantener nuestro corazón apto para Su santa vista y responder cuando Él llame, esta es nuestra tarea.

Vive cada día como si fuera tu último día. Algún día estarás en lo cierto.

Epílogo

T.B. Joshua fue un profeta de nuestro tiempo que enseñó la Palabra de Dios, al traer convicción; convicción de pecado y de la necesidad de ser más serios en el caminar con Dios; una seguridad de que Dios es real y de que Jesucristo regresará pronto.

La Palabra de Dios dominaba su pensamiento, así como se refleja en la forma en la que manejaba los tiempos difíciles y la oposición al Evangelio. Con calma, decía: «Veo las cosas de manera diferente», y sus palabras promovían la paz.

Siempre han existido estos «Padres en el Señor», que son inconformistas (y por lo tanto controvertidos) en su propio tiempo, pero cuyo legado espiritual tiene el potencial de dar forma a las generaciones futuras.

Hay una necesidad urgente hoy en día en el Cristianismo de unir la aplicación efectiva de la Palabra de Dios y la demostración del Espíritu Santo en poder. Hemos visto pruebas consistentes de esto en las últimas dos décadas.

Aun así, T.B. Joshua dejó muy claro que todavía no había «llegado»; seguía esforzándose por conseguir más de Dios.

De cierto os digo que el que cree en mí, las obras que yo hago las hará también; y mayores que éstas hará, porque yo voy al Padre. (Juan 14:12)

A lo largo de los años, no había ocultado su deseo de ver que la gente en el ministerio llegase más lejos que donde él había llegado. Él derramó su esfuerzo de vida en mentorear a las personas;

> ¡Qué extraño, pero totalmente cierto; los débiles llenos del poder de Dios, la obra del Padre harán!

Para aquellos cuyas vidas están centradas en Cristo Jesús, ¡lo mejor siempre está por venir!

Sobre los autores

Gary y Fiona Tonge nacieron en Inglaterra a finales de los años cincuenta. En 1973, cuando el «Movimiento de Jesús» trajo una ola de renovación, ambos experimentaron un encuentro con Jesucristo que cambió radicalmente el rumbo de sus vidas. Desempeñando un papel activo en la vida de la iglesia como ancianos, predicadores laicos y líderes juveniles, tuvieron el privilegio de viajar para ver el poder de Dios en evidencia de la sanidad y la liberación en diferentes partes del mundo en la década de 1990 y a principios de 2000.

Gary obtuvo una licenciatura de primera clase en Electrónica y un doctorado en Matemáticas por la Universidad de Southampton. Disfrutó de una exitosa carrera, entrando en el Consejo de Administración de la Comisión de Televisión Independiente (ITC) del Reino Unido a sus treinta años, antes de lanzarse a la consultoría y al voluntariado cristiano a partir de 2004. Como ingeniero colegiado desde hace más de 35 años, es miembro [Fellow] de la Real Academia de Ingeniería y de la Institución de Ingeniería y Tecnología.

Fiona es una antigua enfermera con un reciente diploma de postgrado en Gestión Internacional de Catástrofes otorgado por la Universidad de Manchester.

Durante las dos últimas décadas, han viajado para T.B. Joshua como parte de los equipos de Emmanuel TV para preparar eventos evangélicos en estadios y coordinar proyectos humanitarios en todo el mundo.

www.ingramcontent.com/pod-product-compliance
Lightning Source LLC
Chambersburg PA
CBHW071612080526
44588CB00010B/1102